SILVIA SEIDEL · ANNA UND ICH

SILVIA SEIDEL

ANNA UND ICH

Tagebuch einer jungen Karriere
aufgezeichnet in Gesprächen mit
Marieluise Müller
Fotos von Nicole Kahlert u.a.

Loewe

CIP – Titelaufnahme der Deutschen Bibliothek

Anna und ich:
Tagebuch einer jungen Karriere/Silvia Seidel.
Aufgezeichnet in Gesprächen mit Marieluise Müller.
1. Aufl. – Bindlach: Loewe, 1989
ISBN 3-7855-2249-5

ISBN 3-7855-2249-5 – 1. Auflage 1989

Umschlagfoto: Nicole Kahlert
Umschlaggestaltung: Werner Skambraks
Satz: Voro, Rödental
Druck und Bindung: Richterdruck, Würzburg
Printed in Germany

INHALT

A WIE ANNA

A wie Anfang. A wie Anna.
Anna ist jung, zierlich, blond; sie ist lebhaft und lieb, kann frech und schnippisch sein. Anna will Tänzerin werden. Sie hat hochfliegende Träume, ist fleißig, zäh und willensstark. Und begabt. Anna verliebt sich. Und sie erfährt, wie unerwartet hart man mitten aus dem Glück ins Unglück stürzen kann. Im wahrsten Sinn des Wortes: Bei einem Autounfall wird sie aus dem Wagen geschleudert. Als sie im Krankenhaus aufwacht, ist sie gelähmt. Ob sie jemals wieder tanzen kann? Die Geschichte geht gut aus: Anna zieht ihre Ballettschuhe wieder an. Eine vielversprechende Karriere beginnt . . .

Das Leben dieses Mädchens hat sich ein Drehbuchautor, Justus Pfaue, ausgedacht. Er hat Anna erfunden und ihr Schicksal aufgeschrieben. Ein Film soll daraus entstehen. Wer aber wird Anna spielen? Ein Mädchen muß gesucht werden, das tanzt, das aussieht wie sie, das in ihre Rolle schlüpfen kann.
So lerne ich Anna kennen – und Anna verändert mein Leben.
Vor mir liegt eine Zukunft, wie ich sie mir nicht einmal in meinen kühnsten Phantasien vorgestellt habe. Viele Menschen lerne ich kennen,

Wenn ich vor der Kamera tanze und spiele, vergesse ich alles um mich herum. Filmen – das ist meine Welt.

bei den Dreharbeiten, bei Autogrammstunden, bei Fernsehauftritten, bei Fototerminen. Und noch viel, viel mehr Leute begleiten „unseren" Lebensweg, Annas und meinen, ohne mir wirklich zu begegnen. In ihren Wohnzimmern sehen sie mich als Anna zum erstenmal: Weihnachten 1987 wird Anna ein Fernsehstar!

Tausende haben Anna und mich ins Herz geschlossen. Das merke ich an der täglichen Post. Briefe kommen, Briefe, Briefe, ganze Berge von Briefen ... Inzwischen frage ich mich manchmal selbst, was meine Fans fragen: Wie war das eigentlich alles? Was war das für ein Gefühl, von einem Tag zum anderen so bekannt zu werden? „Führst du ein Tagebuch?" will Kerstin aus Hagen wissen. Nein. Leider. Nichts ist festgehalten. Schade.

Doch ein paar Wochen später bekomme ich die Chance, genau das nachzuholen. Zusammen mit einer Journalistin, die viel über Theater geschrieben hat und selbst Regie führt, kann ich meine Spuren zurückverfolgen. Bis zum Beginn der TV-Serie „Anna", bis in meine Schulzeit, bis in meine schöne Kindheit.

In vielen Gesprächen versuche ich, mir ins Gedächtnis zurückzurufen, was damals passierte, was ich dachte, fühlte.

Ich erinnere mich an ungeliebte Schuljahre. Ich durchlebe noch einmal die Freude über meine erste große Filmrolle. Ich wundere mich wieder, was ich alles kann, wenn ich keine Angst habe. Über Träume unterhalten wir uns, Wunschträume und Alpträume, die wir alle träumen, bis wir erwachsen sind.

Ich erzähle, wie ich arbeite, was ich über mich und andere denke, ich beschreibe, was ich hoffe – kurz, über alles, was mir in den Sinn kommt, sprechen wir.

Monatelang zeichnen wir all das auf Tonband auf und formulieren anschließend Seite für Seite. Eines Tages liegt es fix und fertig vor uns auf dem Tisch: „mein Tagebuch". Ein ganz besonderes. Eins für alle, die mich gern treffen würden, die sich mit mir unterhalten wollen, die am liebsten meine Brieffreunde wären. Freunde zu haben ist wunderschön – und in manchen Schuljahren habe ich sie bitter vermißt. Doch jetzt sind's zu viele, die sich meine Freundschaft wünschen.

Diese Anna hat meinen Alltag ganz schön umgekrempelt!

Ein Tag hat zwar vierundzwanzig Stunden, aber jeder dieser Tage ist für mich allmählich bis zum Rand angefüllt mit Tanzen und nochmals Tanzen, Rollenstudium, Interviews, Fototerminen, Dreharbeiten und wieder Tanzen. Eigentlich sollte kein Tag ohne Tanztraining vergehen. Doch oft reichen mir diese vierundzwanzig Stunden nicht mehr aus. Wie soll ich an solchen vollgestopften Tagen noch Fanpost beantworten? Das ist einfach nicht drin.

Aber mein „Tagebuch" kann, was ich nicht kann: Zeit für meine Freunde haben, wann immer sie wollen.

MUSCHELN, MONDSTEIN UND MUSIK

Montag, 2. Mai

Ab heute wollen wir „Spurensucher" spielen. Spuren in meinem Leben suchen, die mir helfen, auf viele Fragen zu antworten.
Wollte ich vielleicht schon immer Schauspielerin werden und wußte es nur nicht? Warum tanze ich dann aber so gerne und will nie aufhören zu tanzen? Seltsamerweise hat mich als Kind klassisches Ballett im Fernsehen gelangweilt, dagegen habe ich alte amerikanische Tanzfilme mit Fred Astaire und Ginger Rogers geradezu verschlungen. Steckt in der Kombination von Spiel und Tanz meine eigentliche Begabung? War es richtig, von der Schule abzugehen, um Ballettänzerin zu werden?
Warum gelingt es mir an manchen Tagen, so überschäumend lebensfroh zu sein – obwohl ich mich gar nicht für einen superfröhlichen Menschen halte? Wo ist überhaupt meine Schüchternheit geblieben? Und meine Unfähigkeit, mich zu konzentrieren? Das war doch mein großes Schulproblem. Anna und der Film haben direkt einen anderen Menschen aus mir gemacht. Wie ist das nur möglich?
Viel hat mir geholfen, daß meine Eltern immer hinter mir standen. Mag ich sie deshalb so sehr? Gleichaltrige reden oft von ihren „Alten" und haben dabei einen verächtlichen Zug um den Mund. Mir tut es weh, so etwas zu hören. Weshalb möchte ich trotzdem von zu Hause wegziehen? Warum stelle ich mir einen eigenen Haushalt so erstrebenswert vor? Bloß, um selber zu kochen und zu putzen? Und dann: einen einzigen Menschen ein ganzes langes Leben neben sich haben – könnte ich das überhaupt? Heirat? Nein, darüber will ich noch gar nicht nachdenken.
Ich will tanzen und filmen und leben und herausfinden, wer ich bin und was ich kann.
Spurensuche. Zuerst schauen wir uns in meinem Zimmer um.
Am Schrank Madonna, am Regal daneben Marilyn Monroe, Hollywood-Größen wie Audrey Hepburn und Judy Garland. An der Wand, an der Tür, überall Poster, Porträts, Modefotos.

Hannelore und Wolfgang Seidel mit ihrem „Münchner Kindl": Mama stammt aus Ostpreußen, Papa aus Schlesien.

Klar, daß ich mir nur Stars ins Zimmer hänge, die mir besonders gefallen. Manche Bilder klebe ich auch dazwischen, weil ich die „coolen" Einfälle, das Design, das Make-up schön finde.

Mein Zimmer auf den ersten Blick

Warum in meinem Zimmer so vieles rosa ist? Rosa ist eine meiner liebsten Farben. Und ausgerechnet eine rosa Schleife hat Anna im Film als Glücksbringer. Keiner vom Filmteam wußte vorher, daß ich Rosa mag. Wenn das kein gutes Omen ist . . .
Meine Plattensammlung. Von Opern- über Ballettmusik bis Funk, Disco, Pop und Rap. Früher mochte ich eher Klassik. Popmusik hat mich nicht interessiert. Heute kann es mir gar nicht verrückt genug sein. Bloß Heavy Metal, das ist nichts für mich. Und auf Rock stehe ich eigentlich auch nicht.
Was ich tue, tue ich am liebsten mit Musik. Briefe schreiben, Staub wischen oder Kuchen bakken. Und in vielen Stunden meines Lebens, da geht ohne Musik gar nichts: Fürs Tanzen ist Musik wie Sauerstoff fürs Atmen.
Zum Glück nehmen Platten nicht viel Platz weg. Denn mein Zimmer ist nicht groß. Je älter ich werde, desto enger kommt es mir natürlich vor. Als Dreikäsehoch dachte ich, ich lebe in einem riesigen Raum, so hoch und lang schien er mir. In diesen vier Wänden habe ich gespielt, gelernt, mich mit Freundinnen getroffen. Dieses Zimmer ist mit mir Schritt für Schritt „erwachsener" geworden. Doch auch als die Modelleisenbahn verschwand und das Puppenhaus, habe ich einige der alten „Bewohner" hierbehalten: meine Stofftiere. Du liebe Güte, inzwischen sind das bald so viele, wie ich Platten besitze. Ich kann mich einfach nicht trennen von all diesen putzigen Elefanten, Bären, Enten und Mäusen. Meine richtigen Tiere, Samy, der Hase, und Speedy, das Meerschweinchen, wohnen im Badezimmer.
Eltern sollten ihren Kindern erlauben, ein Tier zu halten. Wenn man für so ein Lebewesen sorgen muß, kann man lernen, Verantwortung zu

Tiere liebe ich. Und für schöne Bilder kann ich mich begeistern. Gerne dekoriere ich mein Zimmer mit Fotos.

tragen. Imstande sein, verantwortlich zu handeln, ist doch wohl ein Zeichen für einen erwachsenen Menschen? Und erwachsen, das sollen wir doch werden.

Dann all diese Winzigkeiten aus Porzellan, Glas, Holz oder Messing, diese Stoffblüten, Federn, Steinchen oder die bunten, vom Meer rund geschliffenen Glasscherben in dem Schächtelchen auf meinem Schreibschrank ... Warum habe ich immer kleine, ja kleinste Dinge liebevoll gesammelt? Wertvoll ist mir auch mein Zettelkasten mit lauter Sprüchen, die ich aus Zeitschriften ausschneide oder die mir jemand aufgeschrieben hat. Ich will ein paar für dieses „Tagebuch" aussuchen. Denn sie spiegeln meine Lebenseinstellung wider.

In kunterbuntem Krimskrams fühle ich mich richtig wohl. Es kann ruhig ein bißchen kitschig sein oder ulkig oder verrückt. Mir gefallen Dinge, die einen Hauch von Spiel und Märchen, von fernen Ländern und vergangenen Zeiten an sich haben. Wie dieser Fächer. Zauberhaft ist er bemalt. Wicken auf langen Stielen und roter Mohn wiegen sich im Wind wie Tänzerinnen. Auch Schmetterlinge sind auf dem Fächer. Von diesen Geschöpfen, die durch die Luft gaukeln, bin ich fasziniert. Für mich sind sie Symbole der Freiheit. Denn ich habe noch nie gehört, daß man sie in Gefangenschaft halten könnte, wie andere Tiere im Zoo. Nur aufgespießt. Einmal habe ich am Gardasee – ich kann mich nur dunkel erinnern, war noch ganz klein – eine ganze Wiese voller wunderbarer Falter bestaunt.

Der verträumte See mit den Bergen auf dem Fächer erinnert mich an den Süden, an Italien. Eine Landschaft wie Urlaub. Das war jedesmal der Höhepunkt des Jahres: mit den Eltern in den Schulferien verreisen. Dann gab's überall hübsche Sächelchen zu sammeln. Im Flugzeug die abgepackten Miniportionen, Senfpäckchen,

Salztütchen, in den Hotels winzige Seifen, in den Cafés Zuckerstückchen. Vor allem aber Muscheln! Von all unseren Urlaubsstränden habe ich sie mitgebracht. Perlmuttfarbene, glaubte ich früher, seien besonders wertvoll.
Schmuck aus Perlmutt oder Mondstein! Davon schwärme ich. Die Farben sind so hinreißend unbestimmbar, bei jeder kleinen Drehung anders. Wie lebendig. In einem Augenblick schimmern sie silbrig-grün, im nächsten gold-rosé.

Spurensuche

Der Fächer war übrigens ein Geschenk zum Abschied von „Anna". Nach den Dreharbeiten habe ich auch ein Kleid, ein „Wahnsinns-Traumkleid", geschenkt bekommen, damals, als der Schluß des Fernsehfilms in Paris gedreht wurde. Das zieh' ich manchmal an und lass' mich darin fotografieren.
Nicole Kahlert wird uns bei der Spurensuche helfen, mit uns Bilder für mein Tagebuch aussuchen, neue Fotos von mir machen. Ich kenne Nicole seit der TV-Serie „Anna". Als Fotografin arbeitet sie oft beim Film. Auch bei meinen nächsten Dreharbeiten wird sie dabeisein. Das ist sowieso das größte: daß ich wieder Anna spielen werde, in einem Kinofilm. Bis dahin habe ich Zeit genug, mich mit meinem „Tagebuch" zu beschäftigen.
Schwimmbad ist in diesem Sommer für mich gestrichen. Ich darf nicht braun werden. Anna war im Fernsehen blaß, Anna soll auch im Film ein zartes Porzellangesicht haben. Und was tue ich nicht alles Anna zuliebe?

In diesem Kleid sieht sich Anna im Traum tanzen.

Foto: Engelmeier

GLITZERKOBOLD

Mittwoch, 4. Mai

Wenn ich als Kind am Strand Muscheln gefunden habe, dachte ich, sie wären etwas ganz Besonderes. Und ich konnte es nicht fassen: So was Schönes liegt da am Meer einfach rum. Deshalb war ich schockiert, als wir – bei einem Urlaub in Nizza – mal abends am Hafen waren und ein Auto vorbeifuhr, aus dem jemand lauter kleine Muscheln rauswarf. Ich hob eine auf: die Innenseite lilablaues Perlmutt. Das wirft einer weg? Ich habe sie alle aufgelesen.
Perlmuttfarbe – für mich die Farbe der Träume. Was so schimmert und schillert, ist keine gewöhnliche Farbe. Eigentlich ein Wunder, daß es dies überhaupt gibt.
Und weil mich alles, was glitzerte, faszinierte, nannte mich meine Mutter Glitzerkobold.
Am Strand der Côte d'Azur habe ich früher „Flaschensteine" gesammelt, Stunden um Stunden. Zuerst war ich überzeugt, daß ich Edelsteine einsteckte. Später wußte ich, daß es Scherben waren von Flaschen, weggeworfen auf hoher See. Die Wellen haben die Glasstückchen rund geschliffen wie Kieselsteine. Auch als ich ihre Herkunft kannte, hab' ich sie mitgeschleppt. Wenn man sie naß macht, glänzen sie wunderschön. Diese Fundstücke sind zufällige Schätze, deren Wert nur ich selbst spüren kann.

Meine Spielsachen

Die Schubladen in meinem Zimmer füllten sich. Die Schränke wurden voll und voller. Ich hatte Spielzeug, stapelweise. Mir war immer bewußt, daß ich sehr viel besaß. Aber ich habe nie um Geschenke gebettelt, und war nie zum Schein lieb und nett, um dafür belohnt zu werden. Mein Papa hat mir halt so gerne Wünsche erfüllt. Sonst sind es, glaube ich, eher die Mütter, die für die Kinder einkaufen. Mein Vater war auch in den Elternsprechstunden in der Schule immer einziger Mann unter lauter Frauen.
Was ich bemerkenswert finde: Meine Eltern konnten sich sehr gut in die Welt eines Kindes hineinversetzen. Sie suchten mir Spielsachen aus, die mir hundertprozentig gefielen, ohne daß ich sie ihnen vorher in einem Schaufenster gezeigt hätte. Eine Eisenbahn besaß ich. Zu der hat mir mein Vater lauter bunte Häuschen gebastelt. Eine Rennbahn gab's. Und ein Puppenhaus. Das war bis auf Messerchen und Handtücher eingerichtet. Ganz winzig alles. Mit den Fingern darin zu hantieren war gar nicht einfach. Und weil die anderen Kinder sich so ungeschickt anstellten und alles umwarfen, durfte bald niemand mehr an mein Puppenhaus.
Ich hatte Phasen, da spielte ich eine Woche lang mit Stofftieren, die nächste mit einer Stadt aus Bausteinen. Und: ich habe abends immer aufgeräumt, alles verstaut, nichts liegengelassen. So war ich von Anfang an. Auch heute muß bei mir jedes seinen Platz haben. Höchstens, daß ich mal etwas auf die schnelle in meinen Schreibschrank stopfe. Aber das wird dann irgendwann gründlich sortiert. Ordnung brauche ich. Sogar wenn in den Schränken Unordnung herrscht, belastet mich das. Ist eben ein Fimmel von mir.
Mit meinen Spielsachen habe ich früher Geschichten erfunden, die mit allem Drum und Dran gespielt werden mußten. Oft klappte das mit den anderen Kindern nicht so, wie ich mir das vorstellte. Die nahmen das, was ich erfun-

den hatte, auf die leichte Schulter und spielten nur oberflächlich. Manche wirkten auf mich geradewegs wie Elefanten im Porzellanladen. Wenn ich mich mit ihnen getroffen habe, war ich deshalb lieber draußen als drinnen. Wir sind oft radgefahren. Ich war zwar gerne im Freien und mit anderen zusammen – aber am intensivsten gespielt habe ich tatsächlich alleine.
Auch heute mag ich's nicht, wenn Leute mit ihrem Hintern nie zu Hause bleiben können und ewig nur in der Stadt rumflippen. „Was machen wir heut'?" Und raus kommt immer das gleiche: Kino, Kaffee trinken, ein Eis, ein Bier. „Und jetzt?"
Man muß sich auch mal allein beschäftigen können. Zu sich kommen, eigene Ideen ausbrüten und ausführen. Sich selbst wahrnehmen, um nachher um so mehr echte Toleranz für die Gedanken anderer aufzubringen. Auf das geheuchelte Interesse, das ich oft beobachte, kann ich verzichten. Nichts schlimmer, als wenn ich merke, jemand hört mir nicht richtig zu. Da könnt' ich mir hinterher die Zunge abbeißen: Warum habe ich bloß geredet? Völlig überflüssig. Zuhören können ist für mich das Schönste. Vielleicht weil es sehr schwer ist.

Wie wird man erwachsen?

Lange habe ich gespielt. Die meisten anderen Mädchen hatten schon damit aufgehört. Und die Frage „Wirst du nie erwachsen?" beunruhigte mich allmählich. Heute überlege ich, ob es das Schicksal nicht vielleicht besonders gut mit mir gemeint hat. Jetzt ist „Spielen" sogar mein Beruf geworden. Man muß sich keine Sorgen machen. Irgendwann ist die Zeit da, man ist reifer und will auch gar nicht mehr spielen. Mein Spielzeug habe ich verkauft oder verschenkt. Ich mußte immer wissen, wo es hinkam. Wie andere ihre Spielsachen wegschmeißen konnten, habe ich nie verstanden.

Schon als Kind habe ich mich leidenschaftlich gern verkleidet und phantasievolle Geschichten dazu erfunden.

Fotos: Seidel

Unmöglich fand ich es immer, wenn ich in der Schule hörte: „Meine Mutter hat wieder ausgemistet."
„Aber die Sachen gehören doch dir", hab' ich eine Freundin verständnislos zurückgefragt.
„Meine Mutter meint, ich sei jetzt zwölf und brauche diesen Kinderkram nicht mehr, der stehe nur unnütz rum."
Wehe, ich wäre aus der Schule gekommen und mir hätte was gefehlt . . . Da wär' aber der Wutteufel aus mir rausgesprungen.
Wenn ich etwas für überflüssig hielt, habe ich es selber beiseite gelegt. Manchmal wurde mir auch alles zu eng. Dann habe ich so lange geräumt, bis in zwei, drei Schränken gar nichts mehr drin war. Ein geradezu luxuriöses Gefühl: ein leerer Schrank. Und das sichere Bewußtsein, ich kann etwas Neues schön unterbringen. Jetzt sind die Spielsachen passé, und kleinere Schätze, Geschenke, Gesammeltes, Gefundenes, Souvenirs vom Film, Fotos, Briefe, haben ihren Platz in den Schubladen und Regalen eingenommen.
Wenn Eltern einem in allem und jedem Vorschriften machen, müssen sie sich nicht wundern, daß, was verboten ist, besonders reizt. Fernsehen, Süßigkeiten, das sind typische Beispiele. Ich konnte mich vor den Bildschirm setzen, wann ich wollte. Ergebnis: Ich fand Fernsehen langweilig. Ganz anders waren einige der

Das Leben besteht aus vielen kleinen Münzen, und wer sie aufzuheben weiß, hat ein Vermögen.

Kinder, die ich zum Spielen einlud. Wenn sie meine Eltern im Wohnzimmer begrüßten und der Fernseher gerade lief, hockten die Kinder im Nu davor. Und ich konnte quengeln und nörgeln: „Warum sitzt ihr jetzt vor der Kiste? Ihr seid doch zum Spielen gekommen!" Ich mußte warten, die Glotze war interessanter. Weil es zu Hause verboten war. Genauso die Süßigkeiten. Manche Kinder stürzten sich darauf. Ich hatte immer eine Dose mit Süßigkeiten in meinem Zimmer stehen. Für mich eine Selbstverständlichkeit. Aber wenn man Süßes verboten bekommt, ißt man heimlich und dann extrem viel. Ist Kindern nicht mehr damit gedient, wenn Eltern sie nicht bevormunden, sondern von klein auf zu Selbstverantwortung erziehen? Ich hatte zu Hause wirklich meine Freiheit, und ich habe trotzdem nicht die Bude angezündet, nicht zentnerweise Bonbons gefuttert und mir nachts keine Fernsehkrimis reingezogen. Mein kleines Leben war mit dem ausgefüllt, was mich tatsächlich beschäftigte.

Aus meinem Fotoalbum: Beim Spiel, im Faschingskostüm, im Urlaub. In den Ferien fällt es mir schwer, täglich zu trainieren. Aber meine Füße brauchen ihre Übungen.

Foto: Seidel

MEIN SCHULFEIND: ANGST

Donnerstag, 5. Mai

Zur Schule zu gehen, mit diesem „Muß" konnte ich mich prima anfreunden, und jahrelang gab's für mich dort keine Mißtöne. Ich hatte meine Freunde, man saß in Zweierbänken, und wenn man gar nicht mehr weiterwußte, konnte man sogar spicken. Ein bißchen privater Charakter prägte diese Atmosphäre. Plötzlich der Wechsel aufs Gymnasium: wie eine kalte Dusche. Eine Umgebung, in der ich mich lange nicht zurechtfand. Jeder mußte allein an einem Tisch sitzen. Für jedes Fach gab es einen anderen Lehrer. Mit dem Stoff ging's schnell voran. Kein Wiederholen und geduldiges Erklären wie in der Volksschule. Zwar wurde uns immer gesagt, wir sollten fragen, wenn wir was nicht verstanden hätten – bloß: ich hab' mich nicht getraut, es zuzugeben. Die Mitschüler waren offensichtlich alle schon reifer als ich. Mir schien, als wäre die Zeit, die man braucht, um diese erwachsenere Welt auszuhalten, schlichtweg bei mir vergessen worden.

Auch die Hausaufgaben mußte ich jetzt alleine zustande bringen. Meine Eltern konnten mir nicht mehr viel helfen. Meine Noten sackten in den Keller.

Ich hatte Angst. Vor der nächsten Übung. Der nächsten Schulaufgabe. Vor dem Ausfragen. Am schlimmsten war, zum Vorrechnen an die Tafel gerufen zu werden. Mathe begriff ich sowieso nicht. Diese „Bloßheit" – dastehen wie nackt. Manchmal machte der Lehrer zu allem Überfluß noch einen Witz – und dann: dieses Gelächter! Die Klasse lachte einen zwar nicht aus, nein, aber trotzdem!

Ich wurde immer so schnell rot. Dieses Problem schleppe ich wohl mein Leben lang mit mir rum. Ich merke selbst, wie mir die Röte ins Gesicht steigt. Viele sprechen mich darauf an, sie meinen's nicht böse, aber mich trifft es. Und ich ärgere mich, wenn dann noch jemand schäkert: „Hast du Rotbäckchen getrunken?" Was soll die Frotzelei?

Blockade im Kopf

In der Schule wurde ich immer verkrampfter. Wenn ich vor der ganzen Klasse stand, konnte ich keinen klaren Gedanken fassen. Es war wie eine Blockade im Kopf. Statt mich mal zu melden und eine falsche Antwort in Kauf zu nehmen, behielt ich meine Hand lieber unten. Ich wurde immer schüchterner. Nichts war mir egal, keine Bewegung, die ich machte, kein Satz, den ich sagte. Immer lauerte ich innerlich: Was denken die andern? Das kann einen langsam, aber sicher total fertigmachen. Was man nicht kapiert: eben diese „anderen" denken gar nicht so viel über einen nach, wie man meint.

Über allem schwebte die Horrorvorstellung: sitzenzubleiben. Jahrelang hatte ich tagein, tagaus Angst vor der Schule. Ob die Lehrer das überhaupt gemerkt haben? Ich glaube nicht.

Viele Kinder haben Angst, schlechte Zeugnisse heimzubringen und dann angeschrien zu werden. In so einer Lage braucht man genau das Gegenteil: Trost. Meine Eltern haben nie mit mir geschimpft. Einmal haben sie mir sogar etwas geschenkt, weil ich wegen einer Sechs so kaputt war. Vor ihnen hatte ich keine Angst. Nur vor meinem Nichtwissen und davor, am Jahresende hängenzubleiben. Das schien mir das schlimmste zu sein. Eigentlich hänselt einen

heute keiner mehr als „Sitzenbleiber". Aber ich glaubte: Das überstehe ich nicht. Wenn das passiert, bringe ich mich um.
Wenn morgens die Haustür hinter mir zuschnappte, fühlte ich mich wie „weggeschmissen". Der Schule kam ich mir hilflos ausgeliefert

Foto: Seidel

Der erste Schultag: Noch ist meine Welt in Ordnung.

vor. Vor Übungen grübelte ich: In Filmen werden die Frauen ohnmächtig, kann ich jetzt nicht auch umkippen? Dabei habe ich für Prüfungen gebüffelt, bis mir Zahlen und Vokabeln zu den Ohren rausquollen. Aber kaum saß ich vor meinem leeren Blatt, war mein Hirn wie leergeblasen. Ich kann's doch, ich kann's doch, ich hab's doch gelernt – nichts. Wenn doch irgend jemand bei mir wäre ... Es wurde wieder eine Fünf, eine Sechs.
Mathematik, Latein, das waren die Angstfächer. Englisch gefiel mir anfangs ganz gut. Zeichnen mochte ich, Sport natürlich, Fächer, in denen man was zu tun hatte, nicht nur dasitzen und sich konzentrieren mußte. Gedichte habe ich zum Beispiel sehr schnell auswendig gelernt. Aber wenn ich in etwas keinen Sinn sehe, dann kann ich meine Gedanken auch nicht kontrollieren. In vielen Schulstunden guckte ich brav auf den Lehrer. Aber mein Kopf registrierte nur, daß er etwas erklärte, mehr nicht.
Ich versuchte auch zu Hause immer wieder, schnell meine Aufgaben hinter mich zu bringen, um mehr Freizeit zu haben. Ohne Druck im Magen. Aber dann machte mir meist Mathe solche Schwierigkeiten, daß ich allen Spaß verlor. Aus war's mit der Konzentration. Hab' was gegessen, rumgetrödelt, wollte spielen, hab' mich doch wieder an die Schulbücher gequält, und so ging's hin und her. Stunden habe ich für meine Hausaufgaben gebraucht. Täglich. Die vielen Fächer! Und jeder Lehrer behandelte seins, als wenn es nur dieses eine gäbe.
Ob Lehrer ihre Schüler nicht manchmal besser motivieren könnten, frage ich mich heute. Weil ich später ja erfahren habe, daß ich in der Lage bin, mich zu konzentrieren. Schließlich war ich auch damals kein träges, lernunwilliges Kind. Im Ballettunterricht mußte ich ja auch nicht nur mit dem Körper lernen, sondern mir eine Menge im Kopf merken. Ab und zu malte ich mir damals aus, wie schön es sein müßte, zu arbeiten, statt in die Schule zu gehen ...
Meist wollte ich die Stunden am Vormittag nur nach Hause: nur heim, mich am Papa festhalten. Zu Hause fühlte ich mich frei und geborgen. Da konnte ich mich in meine mir vertraute Spielwelt zurückziehen. Auch dann noch, als die anderen Mädchen sich lange nicht mehr mit Spielsachen abgaben. Ob allerdings immer aus eigenem Antrieb, wage ich zu bezweifeln. Oft waren es die Eltern, die einem einredeten, du bist jetzt erwachsen. So blieb fast nichts anderes übrig, als es auch zu sein.
Die anderen Mädchen suchten auf ihre Weise mit der ungewohnten Situation fertig zu werden. In diesem Alter entsteht oft eine alberne „Torschlußpanik": „Hast du schon Erfahrungen mit einem Freund gemacht?" Das ist ein Tuscheln und Wispern. Kommt man „ohne" zur Party, ist man oft out, von keiner Clique akzeptiert. Mich hat das alles, bis ich fünfzehn war, nicht weiter interessiert, Mode nicht, Disco

nicht, Popmusik nicht. Da war ich manchmal schon ziemlich allein. Bei mir kam eben alles später. Aber ist ja egal. Hauptsache, man kann sich individuell entwickeln und wird nicht unter Druck gesetzt.

Sitzenbleiben war mein Glück

In der siebten Klasse brach die Katastrophe über mich herein, vor der ich gezittert hatte: Ich blieb sitzen. Aber mich vor die Straßenbahn zu schmeißen – das habe ich nie mehr ernsthaft erwogen. Und ausgerechnet in dieser neuen Klasse wurde für mich Schule wieder schön: Ich fand ein Mädchen, mit dem ich mich sehr gut verstand. Hatte eine andere Lehrerin in Latein. Bei ihr rangelte ich mich, sage und schreibe, auf eine Eins hoch. Und ich, die nur Fünfer kannte in Mathematik, kletterte in diesem Fach auf eine Zwei. Bei meinem Lieblingslehrer. Einem Menschen, der die Begeisterung für seinen Beruf auf die Schüler übertrug. An Fächern, die mir früher sinnlos erschienen waren, fand ich auf einmal Spaß.

Sitzenbleiben war mein Glück. Die neuen Lehrer schafften, was mir allein nicht gelungen war: Ich lernte, konzentriert dem Unterricht zu folgen. Schule war jetzt kein Gefängnis mehr für mich. Ich lebte auf, wie von einem Alptraum befreit. Endlich kapierte ich: Ich lerne nicht den Lehrern oder sonst jemand zuliebe. Die Schule ist für mich da.

Daß ich trotzdem nach der neunten Klasse vom Gymnasium abging, hatte vor allem mit dem Ballett zu tun. Mittlerweile trainierte ich bereits jeden Tag. In der Schule kamen damals noch Physik und Französisch dazu. Das war für mich einfach zuviel.

Der Abschluß meiner Schulzeit versöhnte mich ein wenig mit den schlimmen Jahren davor: Ich kam mit den Lehrern gut zurecht. Ich war in der Klasse zufrieden. Mir machte Lernen Freude. Und: ich hatte ein Berufsziel vor Augen. Den Entschluß, mit der Schule aufzuhören, habe ich nie bereut.

Seit dem Film ging's für mich voran wie im Zeitraffer. Ich habe vieles nachgeholt, von dem ich dachte, ich pack's nie. Jetzt wurmt es mich fast, daß ich immer an mir gezweifelt und mich so viel geärgert habe über mich selbst.

Zur Autogrammstunde zurück ins Gymnasium: Ich treffe noch mal meinen Lieblingslehrer.

ANNA BIN ICH NUR IM SPIEL

Samstag, 7. Mai

In diesem Mai kenne ich Anna schon ein Jahr lang. Ich habe ihr meine Gestalt, meine Gesten, meine Bewegungen, meine Haltung, meinen Tanz, meine Stimme geliehen. Damit sie wahr wird auf dem Bildschirm. Sie ist's geworden. Jetzt muß ich aufpassen, daß ich für die Zuschauer Silvia bleibe, daß nicht, wie durch einen bösen Zauberspruch, Anna die Person ist, die wirklich lebt, und ich nur noch eine für sie erfundene Schauspielerin bin.
Anna – ein Identifikationsproblem? Jedenfalls nicht für mich. Ich bin Silvia, nicht Anna.
Noch nie mochte ich Stars imitieren, Idolen hemmungslos nacheifern. Vorbilder, denen ich aufs i-Tüpfelchen gleichen wollte, habe ich mir nie gesucht. Sicher, an einem mag ich dies, am anderen das. Aber ich wollte immer „ich" sein, nicht wie ein anderer, und sei er noch so berühmt. Das ist auch etwas, was mich bei all dem Rummel um Anna beruhigt: Ich habe keine Modewelle ausgelöst. Ich habe viele Fans, aber sie laufen deshalb nicht wie lauter kleine Silvia Seidels durch die Weltgeschichte. Wenn das geschehen wäre – das hätte mich schon ein wenig bedrückt. Ich wünsche mir, genau umgekehrt, daß ich jungen Leuten Mut machen kann, sich zu trauen, sie selbst zu sein.
Anna spiele ich nur, Anna werde ich nicht sein. Ehrlich gesagt, sogar wenn ich wollte, würde ich es nicht schaffen. Sie ist so viel willensstärker als ich. Wenn mir das gleiche zustoßen würde wie ihr, wenn ich eines Tages gelähmt aufwachen würde, nicht mehr tanzen könnte – ich hätte nicht ihre Energie, wieder gesund zu werden. Ich fürchte, ich würde resignieren, aufgeben. Vielleicht wäre ich gerne Anna? Wer weiß ...

Aber Anna im Spiel zum Leben erwecken, das hat mir Freude gebracht. Was habe ich dabei alles erfahren dürfen, was habe ich gelernt. Aber auch gearbeitet! Bis an die Grenzen meiner Kräfte. Und insgeheim habe ich gehofft, ein zweites Mal Anna spielen zu können.
Jetzt ist es soweit. In knappen vier Monaten beginnen die Dreharbeiten für einen Kinofilm, als Fortsetzung der Fernsehserie. Die nächste Zeit hat's in sich: Promotion-Tour nach Amerika im Juli. Im August Tanztraining in London. Mein neunzehnter Geburtstag im September. Im Oktober Dreharbeiten in New York.
Da hab' ich mich früher Tag für Tag, Jahre hindurch, mit Angst im Magen den Schulweg entlanggequält – und heute freue ich mich sogar auf die härtesten Drehtage, an denen ich oft von sechs Uhr früh bis Mitternacht nichts wie schufte ...

Auf der Suche nach Anna

Für den TV-Film „Anna" wurden schon lange vorher Mädchen gesucht, in ganz Deutschland. Mit Zeitungsannoncen. Aber ich bekam davon nichts mit.
Eines Tages traf ich dann meine Freundin Bernadette. Mit ihr ging ich bis vor kurzem auf dieselbe Ballettschule. Und sie erzählte mir: „Du, bei uns waren neulich Leute vom Film, die haben jemanden für die Weihnachtsserie im ZDF gesucht." Ich dachte noch: Ausgerechnet jetzt, wo ich die Schule gewechselt habe.
Irgendwann, Tage danach, schauten zwei Män-

Ballett muß durch den Kopf gehen, man muß es kapieren.

ner beim Unterricht in meiner neuen Ballettschule zu. Das kam schon mal öfter vor, Bekannte von der Schulleitung und so – aber dieses Mal erinnerte ich mich: Die Bernadette hat doch so was erzählt ... Ob die weitersuchen? Ach wo, beruhigte ich mich, das kann wohl kaum sein.
Nach dem Training aber rief die Lehrerin mich und noch ein paar andere auf: „Silvia und du und du und du und du. Der Herr hat ein paar Fragen an euch."

Wir ins Büro, und dann fing er an zu erzählen. „Wir planen eine Weihnachtsserie." Mich hat's fast umgehauen. Das darf doch nicht wahr sein! War es aber. Am nächsten Wochenende sollten wir zu einem Vorsprechen antreten, einem sogenannten Casting.
Gut, dachte ich mir, gehe ich halt hin. Warum nicht? Ein bißchen Film- und Fernsehatmosphäre hatte ich ja schon kennengelernt und als Kind Theaterluft geschnuppert.

Ich bin beim Ballett geblieben, weil's mir Spaß macht.

ALS ICH EIN MOHRENKIND WAR

Donnerstag, 12. Mai

Wenn ich an die Zeit in der Oper denke ... War die schön! Viele Jahre war ich Statistin, Bühnenkind mit stummen Minirollen. Text hatte ich nie. Aber manchmal durfte ich Kleider wie eine Prinzessin oder eine Hofdame tragen.
In „Schwanensee", Tschaikowskys berühmtem Ballett, stolzierte ich als Page des Prinzen über die Bühne. Hätte ich je ahnen können, daß ausgerechnet „Schwanensee" so bedeutsam in meinem jungen Filmleben werden würde?
Dann „Dornröschen", auch ein Ballett des russischen Komponisten Tschaikowsky. Wenn der Vorhang aufging, war die Halle eines Schlosses zu sehen, im Vordergrund die Wiege der Prinzessin Aurora. Um sie herum standen wir Mädchen mit Kerzen in den Händen. Bloß nicht bewegen! Nicht wackeln! Immer stand ich da, glaubte, alle Zuschauer guckten auf mich. „Wenn mir jetzt die Kerze ausgeht, nicht auszudenken ..." Bei „Dornröschen" war ich noch sehr nervös. Für dieses Märchen wurde ich zum erstenmal für die Oper engagiert.
Zu der Zeit ging ich in die Volksschule. Abends in Münchens Oper als Page, Engel oder Mohr im Scheinwerferlicht auftreten zu dürfen – das war für mich wie Weihnachten und Ostern auf einmal.
Überhaupt, der Mohr! Meine Lieblingsrolle. Kohlrabenschwarz geschminkt, wurde ich auf einem Schiff hereingezogen, in den Händen eine Fruchtschale, üppig mit Trauben, Orangen und Pfirsichen dekoriert. Das war in „Cosi fan tutte" von Mozart. Ein kurzer Gang über die Bühne, quer nach vorn, und die Obstschale hinstellen. Stolz wie ein Spanier war ich da. Na ja, eigentlich mehr wie ein Mohrenkind.

Für mich war es eine wichtige Zeit. Ich bekam ein bißchen Bühnenerfahrung und eroberte mir wenigstens in diesem Rahmen Selbstsicherheit. Meine Schüchternheit in der Schule konnte ich trotzdem nicht überwinden. Ich wurde acht, neun, zehn, meine Auftritte meisterte ich allmählich mit Routine. Die große Aufregung war vorbei. Als mich der Papa nach einer Vorstellung mal fragte, ob mich das Publikum nicht ängstlich mache, schüttelte ich den Kopf. „Der Zuschauerraum ist so schön dunkel – das gibt mir Sicherheit." Ganz was anderes, als vor der Klasse zu stehen, wenn man alle Augen auf sich gerichtet sieht ...

Abends auf der Opernbühne

Daß manche Eltern ihren Kindern dieses Bühnenabenteuer nicht erlaubt haben, konnte ich nicht verstehen. Gut, man kommt oft erst spät ins Bett. Eine Weile war ich fast jeden Abend im Opernhaus. Aber was für herrliche Erinnerungen! Fürs ganze Leben.
In „Giselle", einem Ballett von Adolphe Adam, durfte ich sogar eine Ballettpose machen. Ich wurde im Hintergrund vorbeigetragen: Giselle sieht sich im Traum als Kind. Ich war angezogen wie sie, hatte die gleiche Perücke auf. Meine erste Ballettpose auf der Bühne – hab' ich das wichtig genommen!
Etwas Schreckliches ist mir in „Pelléas et Mélisande" passiert, einer Oper des französischen Komponisten Debussy. Es war das Schwerste, was ich damals für die Bühne einstudiert habe. Wir Kinder mußten sogar auf französische Stichworte reagieren und hatten die ganze Oper

Foto: Seidel

über zu tun. So viel, daß wir uns zum Schluß vor dem Vorhang verbeugen durften.
An dem Unglücksabend hatte ich Fieber und fühlte mich elend. Und dann, als wir uns in einer Szene wie kleine Schäfchen um einen Sänger scharten, mußte uns dieser wegstoßen, und dabei blieb er mit seinen Manschettenknöpfen an meiner Perücke hängen. Ich lief weg – und stand ohne Perücke da. Ich hätte in den Boden versinken mögen! Meine Haare waren unter der Perücke aufgerollt und mit einem weißen, elastischen Band zusammengehalten, das eng um den Kopf gewickelt war – ich sah fürchterlich aus! Als Kind möchte man in so einem Moment am liebsten wegrennen und heulen. Aber, habe ich mir gesagt: Es hilft dir nichts, weitermachen!
Obendrein fehlte mir an diesem Abend meine geliebte Frau Krämer, die uns Kinderstatisten so fürsorglich bemutterte. Ihre Vertreterin war – so fand ich's damals – ekelhaft zu mir. Mein Vater holte nach dieser Vorstellung kein strahlendes Statistenkind, sondern ein heulendes Bündelchen Elend ab.
Kann sein, daß mancher denkt, Kinder nehmen solche „Pannen" leicht. Überhaupt nicht. Theater war für mich die ernsteste Sache auf der Welt.

Zur Vorweihnachtszeit stand die Oper „Hänsel und Gretel" oft auf dem Spielplan. An Silvester war immer die letzte Vorstellung, und auf die freuten wir uns ganz besonders. Denn da gab's Lebkuchen, so groß, wie man sie nicht kaufen kann.
Am Schluß der Oper, wenn alle verzauberten Kinder erlöst wurden, lagen auf dem Bühnenboden teils Attrappen, teils echte Pfefferkuchen, riesige. Zwischen denen wurde getanzt. Kaum ging der Vorhang runter, hieß das für uns Kinder von der Statisterie und vom Chor: Auf die Lebkuchen! Doch gleich ging der Vorhang wieder auf. Zack, schon standen die Jungs auf den echten Lebkuchen drauf. Manche waren so pfiffig, sich Stücke auf diese Weise zu reservieren – noch bei offenem Vorhang! Verbeugen – Vorhang zu. Wer hat den größten Brocken? Geschmeckt hat es nicht so toll – aber was geht über Bühnenlebkuchen?

Mama holt mich von der Oper ab: Den Mohren wieder weiß zu waschen – eine schöne Sauerei. Einer meiner ersten Statistenauftritte: Page. Bei den Probeaufnahmen zu „Anna" darf ich auch eine Art Pagenmütze aufsetzen.

Foto: Seidel

SCHAUSPIEL? NIE

Donnerstag, 19. Mai

Besonders viel Film- und Fernseherfahrung hatte ich vor „Anna“ ja wirklich nicht. Aber ganz fremd waren mir Filmateliers auch nicht mehr.
Als der Bestseller „Die unendliche Geschichte“ von Michael Ende 1983 verfilmt wurde, gehörte ich zu den Komparsen. Das sind Darsteller beim Film, die ohne Text auftreten. Im Theater nennt man sie, wie ich schon erzählt habe, Statisten.
Für diesen Film wurden Mädchen mit langen blonden Haaren gesucht. Eine meiner Freundinnen kannte eine Frau, die solche Rollen an Jungen und Mädchen vermittelte. Diese Dame hat mich und noch ein Geschwisterpaar bei der Filmproduktion vorgeschlagen. Aus Neugier bin ich hingegangen. Mit der Angst im Bauch, was vorsprechen zu müssen.
Schließlich habe ich es in der Schule nur selten fertiggebracht, mich zu melden. War ich in einem Lokal, habe ich mich kaum getraut, dem Kellner meine Bestellung zu sagen. Vor der Bühne hatte ich Scheu, obwohl ich schon früh zu tanzen angefangen habe. Als Vierjährige durfte ich Ballettunterricht nehmen. Bei uns um die Ecke war ein kleines Studio. Weil ich ständig in der Wohnung herumhüpfte, als Ballerina verkleidet, dachten meine Eltern, das wär' was für mich: Hacke, Spitze, eins, zwei, drei . . .
Sportlich war ich wirklich „von Kindesbeinen an“. Mit sieben Jahren war ich Zweite bei den Bayerischen Jugendmeisterschaften im Eiskunstlauf. Aber nach einem Trainingsjahr hatte ich den Traum von der Eisprinzessin aufgegeben und mich ganz fürs Ballett entschieden – weil's Hinfallen nicht so weh tut. Achterlaufen auf dem Eis war mir auf die Dauer auch ein bißchen zu stur. Außerdem sind beide Disziplinen nebeneinander für die Muskulatur nicht gerade ideal.
Sogar als ich vom Gymnasium abging, um mich ganz auf meine Tanzausbildung zu konzentrieren, wollte ich eigentlich nicht zur Bühne. Ich bekam selbst Panik davor, wenn ich mir vorstellte: Tanz als Beruf findet auf der Bühne statt, in aller Öffentlichkeit . . . Darum auch: Schauspiel – nie!

Wir stellten uns also für die „Unendliche Geschichte“ vor, wurden genommen und – mußten nicht sprechen. Auf diese Weise erlebte ich zum erstenmal die Atmosphäre bei Filmarbeiten. Ganz toll.
Wir, die wir zu dritt dort antraten, verstanden uns auf Anhieb und freundeten uns an. Das Schönste: Wir hatten eine Woche schulfrei!
Wir wurden als Märchenwesen geschminkt. In meinen Träumen hatte ich mir schon immer Geschichten in verzauberten Landschaften ausgemalt. Als wir dann ins Studio zu „unserer“ Szene gerufen wurden, trauten wir kaum unseren Augen: Alles traumhaft in Weiß. Ein Elfenbeinturm als Kulisse. Hinreißend. Diesen Augenblick werde ich nie vergessen.
Das ganze folgende Jahr stellte mich die Frau, die mich das erstemal vermittelt hatte, immer wieder für neue Filmprojekte vor. Hübsche Rollen waren angeboten, eine Prinzessin, ein verwunschenes Märchenkind . . . Obwohl mich die Arbeit reizte, hielt ich mir ständig vor: Das bringst du doch nie. Du würdest dich ja nicht mal trauen, wenn du die Rolle bekämst. Inzwischen weiß ich: Am meisten Angst hatte ich vor mir selber.

Es klappte nie. Ich war zu alt oder zu jung, zu groß oder zu klein. Bis in einer Vorabendserie im Fernsehen die Rolle eines Teenys zu vergeben war. Für „Soko 5113" wurde mir eine Sprechrolle angeboten. Mit vier, fünf Drehtagen.

Schon hatte ich das Drehbuch in der Hand – was nun? Ein paar Sätze nur – aber für jemanden, der noch nie vor der Kamera den Mund aufgemacht hat, der nicht einmal im Schultheater aufgetreten ist, scheint das ein unüberwindbares Hindernis zu sein.

Doch es reizte mich, irgendwie. Darum holte ich tief Luft – und los. Komparsin zu sein, das kannte ich ja schon. Aber als ich zu den „Soko"-Aufnahmen kam, war alles wieder ungewohnt: Keiner kümmerte sich um mich, keinen Menschen kannte ich. Geschminkt wurde ich und dachte nur ständig: Was muß ich machen, wo muß ich überhaupt hin? Dabei beobachtete ich, wie's da zuging. Lustig, cool und locker. Eine tolle Atmosphäre.

In einer Szene mußte ich schreien. Das kostete mich ziemliche Überwindung. Schreien, und dann vor so vielen Leuten ... Wie peinlich! Mein erster Gedanke: Nein! Aber dann, weshalb auch immer, tat ich's. Und seltsam: Ich fühlte mich wie befreit ...

Mit sieben bin ich noch eine Eisprinzessin.

Fotos: Seidel

Mein erstes Tutu, das ich geschenkt bekam.

Während der Tage, als ich mich an die erste Sprechrolle meines Lebens wagte, war mir ständig so, als ob ich neben mir stehe. Als ob ich selber beobachte, wie ich mich verändere. Was konnte ich alles, wenn ich keine Angst hatte!

Diese Arbeit war toll. Dann vergingen Monate um Monate, nichts geschah. Ich tanzte. Jeden Tag. Träumte ab und zu von der nächsten Rolle. Denn ich wußte nun, wie es ist, vor der Kamera zu stehen.

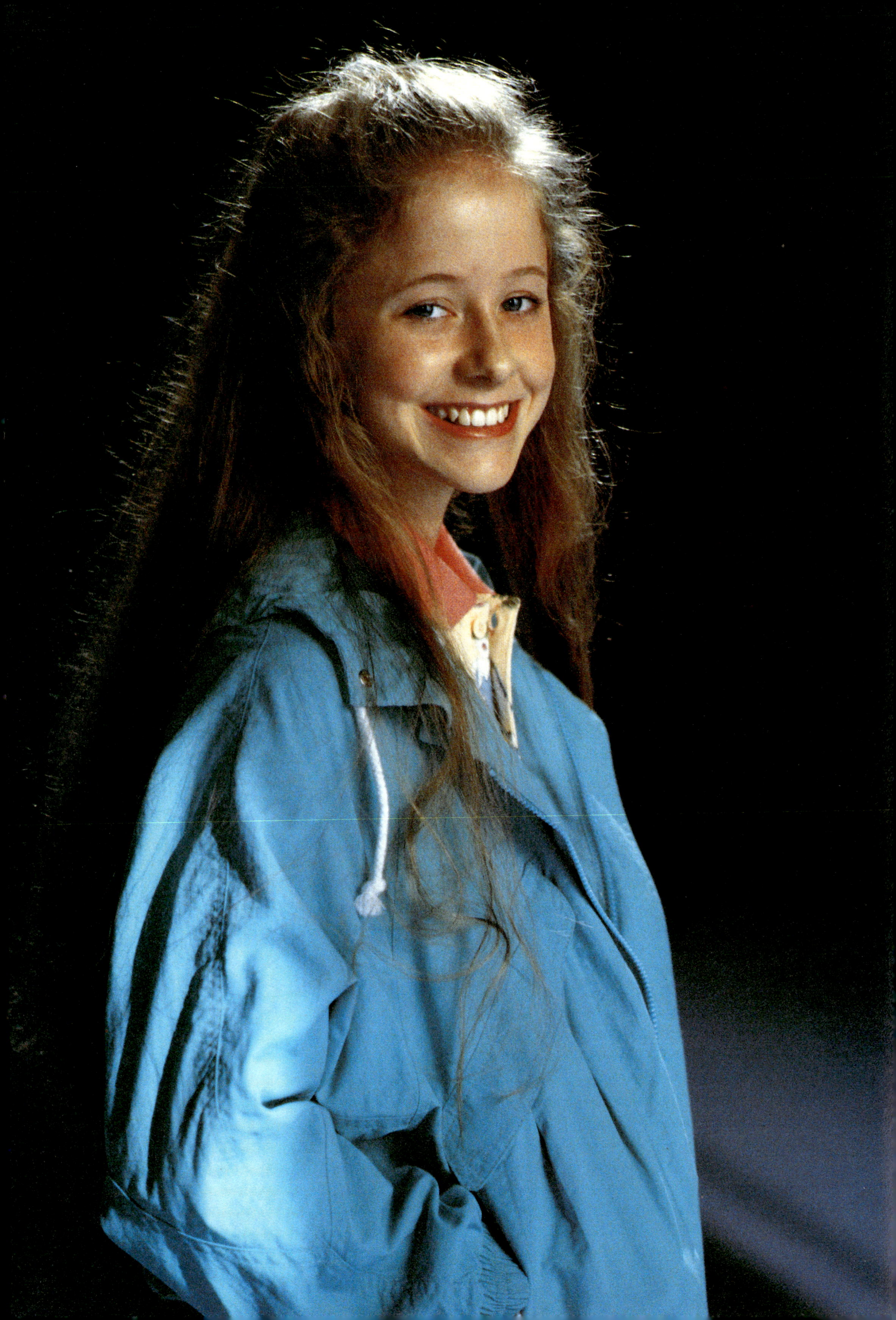

WIE WERD' ICH BLOSS WÜTEND?

Sonntag, 22. Mai

Heute will ich anfangen, mir Schritt für Schritt meine Erlebnisse mit Anna noch einmal in die Gegenwart zu holen. Drehe die Zeit um ein Jahr zurück. Und schon sehe ich mich zu Hause sitzen: mit meinen ersten Textstückchen auf dem Schoß.
Es ist die Szene, in der das Mädchen im Sanatorium probiert, mit Krücken zu gehen. Ihr Freund fährt mit dem Rollstuhl in der Turnhalle vor ihr her und fragt sie über ihren Urlaub in Italien aus. Anna versucht mühsam, sich aufrecht zu halten, bis sie weinend zusammenbricht.
An diesen paar Zeilen merke ich schon, wie schwierig es sein wird, vorzuspielen. Aber mir gefällt diese Anna. Ich kann mich gut in die Handlung hineinvertiefen, obwohl ich noch nicht viel von ihr weiß.

Vorsprechtag

Dann ist's soweit. Vorsprechtag. Noch ein paar Mädchen sind da, viele Leute drum herum, die Kamera – bin ich wieder nervös. Will am liebsten gleich verschwinden. Als ob ich noch nie in dieser Situation gewesen wäre. Fürchterlich. Ich sehe den vier Mädchen vor mir zu. Alle kenne ich von meiner Ballettschule.
Dann habe ich die Krücken in den Händen. Voller Wut soll ich sie wegwerfen. Nein, das traue ich mir nicht zu, schießt es mir durch den Kopf. Wie soll ich bloß so wütend werden?
Und dann fange ich einfach an, vergesse wieder alles um mich herum. Ich spiele, spiele, spiele, als ginge es um mein Leben. Irrsinnig.
Meine Eltern sind als Zuschauer dabei.
„Na, wie war's?" frage ich sie im Auto.
Meine Mutter hat beobachtet, daß die Filmleute beeindruckt schienen und anerkennend getuschelt haben, als ich dran war.
„Quatsch", wehre ich ab.
„Doch, du warst wirklich Spitze."
„Ja, aber die anderen waren doch auch so gut."
Ich bin noch ganz aufgeregt.
Daß meine Eltern bei solchen Terminen dabei sind, stört mich überhaupt nicht. Andere Leute, ja, die irritieren mich. Aber meine Eltern, die kenne ich, und wir verstehen uns glänzend. Leistungsdruck habe ich von ihnen nie gespürt. Das ist eine der Grundlagen für unser gutes Verhältnis. Ich habe das sichere Bewußtsein, das sind Menschen, die mich nicht testen wollen. Meine Eltern wissen, wie ich bin. Und gerade ihnen eine Seite vorzuspielen, die sie an mir nicht gewöhnt sind, finde ich sogar spannend.
Tage und Wochen vergehen. Zu Hause rede ich oft über dieses Casting. Langsam werde ich ungeduldig. Obwohl ich ja von anderen Vorstellungsgesprächen weiß: Das dauert immer lange, bis man angerufen wird. Außerdem sind die Filmleute für dieses Projekt in sehr vielen Städten unterwegs: Unter 2500 Mädchen soll eine Anna ausgesucht werden.
In der Ballettschule löchern wir Mädchen, die wir dabei waren, uns fast täglich gegenseitig:
„Na, schon was gehört?"
„Nee, und du?"
„Ich auch nicht."
Also weiter warten. Vermutlich will jede von uns in dieser Weihnachtsserie spielen. Wir wissen alle, wie bekannt und beliebt diese Sendungen sind. Patrick Bach zum Beispiel ist auf diese Weise groß rausgekommen.

Abends, wenn ich nach Hause komme, denke ich: Hoffentlich hat jemand angerufen. Und vor dem Einschlafen male ich mir aus, wie es wohl sein mag, wenn man eine Hauptrolle bekommt. Da wird man bestimmt mal in einer Zeitung abgebildet ... Was für Kleider wirst du anhaben, wenn ... Wo wird wohl gedreht? Vielleicht im Ausland? Ach, wär' das wundervoll!
Ich fange an, mir diese Rolle mehr zu wünschen als alles andere vorher.

Ich hab' die Rolle

Ich sitze zu Hause mit meinen Eltern. Der Papa und ich waren tagsüber unterwegs. Jetzt haben wir es uns im Wohnzimmer gemütlich gemacht. Wir unterhalten uns und kommen zum hundertstenmal auf das Thema.
Ich maule: „Die werden sich nicht mehr melden. Ist ja auch vergessen. Was soll's!"
Da entgegnet die Mama in aller Ruhe: „Ach, die Filmleute haben heute angerufen. Du hast die Rolle."
„Wie? Was? Was ist los? Uuuiii, ja, jippie!" Ich schnappe fast über vor Freude, flippe rum. „Ich weiß überhaupt nicht, wo mir der Kopf steht! Mama, warum hast du nichts gesagt? Ich bin schon so lange zu Hause, und du erzählst gar nichts!"
„Ooch", sagt sie gelassen, „ich wollte das für heute abend als Überraschung aufheben."
Ich kann's kaum fassen. Anna, die Rolle, Fernsehen. Nein, ist das herrlich ... Schon so oft hatte ich vorgesprochen, und nichts ist daraus geworden.
In der Schule erzähle ich zunächst noch nichts. Ich will nicht schnurstracks hinrasen und rumtönen: „Leute, ich hab' gewonnen!" Angeben mag ich nicht. Erst später, so im Vorbeigehen, sag' ich: „Okay, ich bin's geworden."
Alle finden's toll für mich.
Die anderen Mädchen, das muß ich zugeben, sind im Ballett talentierter als ich. Wer weiß, denke ich, möglicherweise ist das für dich die Gelegenheit, noch etwas anderes auszuprobieren. Auch wer unbedingt tanzen will, spürt irgendwann, daß er vielleicht nie Großes erreichen wird. Und dann muß er sich überlegen, was er wirklich möchte.

Die Tänzerin mit den Krücken: Ich will Anna spielen.

JETZT GIBT ES KEIN ZURÜCK

Dienstag, 24. Mai

Allmählich wird es ernst. Ich erhalte die erste Fassung des Drehbuches. Wir unterschreiben den Vertrag. Die Auswahl hat im Februar oder im März stattgefunden, ich weiß es nicht mehr genau. Die kleinen Sachen im Vorfeld, die ziehen sich hin. Im Mai wollen wir anfangen zu drehen.

Mit den Tanzproben beginne ich schon früher. Dieter Gackstetter verabredet sich mit mir, der Choreograph, der beauftragt war, das Anna-Mädchen nach den tänzerischen Fähigkeiten auszusuchen. Er war früher Direktor des Münchner Staatsopernballetts.

Bei seinem Anruf beschreibt er mir, was ich zu tanzen habe. Welch ein Schock!

„Das kann ich nicht, soweit bin ich noch längst nicht. Das sind Soli für fertige Tänzerinnen!" Wieder steht mir meine Angst im Weg. Oder hat sie mir dieses Mal geholfen? Weder zum Produzenten noch zum Regisseur wag' ich nein zu sagen. Ich mache mir klar: Du hast zugesagt. Punkt. Jetzt gibt es kein Zurück mehr.

Manches ist für mich okay, wie „Cinderella" und „Puppenfee", aber anderes ... Vor allem der „Schwarze Schwan"! Das ist ein „Pas de deux", ein Tanz für ein Paar, aus dem Ballett „Schwanensee" zur Musik von Peter Tschaikowsky. Das tanzen der Prinz und Odile, die vom Zauberer Rotbart in einen schwarzen Schwan verwandelt wurde. Zum Schluß, in der

sogenannten Koda, tanzt Odile ein Solo, das mit besonders schwierigen Drehungen, den Fouettés, endet. Höchste Ansprüche sind dabei an das technische Können einer Ballerina gestellt.
Für die Filmaufnahmen ist freilich nur ein Teil dieses Solos vorgesehen. Da aber das einzige, was ich davon wirklich gut kann, eben diese Fouettés sind, schlage ich vor, sie unabhängig von dem Solo in einer Szene zu zeigen, in der Anna sich im Traum tanzen sieht.
Was das Schwanen-Solo angeht, so werde ich gefragt, ob ich von der russischen Originalchoreographie ein Video hätte.
„Ja, schon. Aber wieso?" Ach, du grünes Krokodil! Ich soll diese Nummer zu Hause vor dem Fernseher einstudieren? „Wie bitte? . . . Bisher habe ich nur mit Lehrer gearbeitet . . . Okay, okay."
Ich murkse also vor mich hin. Im Wohnzimmer. Lasse das Videoband ganz langsam laufen – gucke über die Schulter zum Bildschirm. Die Schritte sind ja sonst seitenverkehrt zu sehen. Wirklich nicht einfach. In den Osterferien nehme ich das Video mit zu unseren Verwandten. Ich stehe dort im Wohnzimmer und probe „Schwanenschritte".
Als ich die Sache einigermaßen umsetzen kann, gehe ich zu meiner Ballettlehrerin, Jutta Giesecke. Sie macht mir Mut: „Wenn wir das üben, dann packst du es." Und so fangen wir an zu putzen, wie das Feilen, die Feinarbeit beim Ballett, genannt wird, und sie korrigiert meinen Ausdruck: „Silvia, du bist immer noch ein viel zu braver Schwan. Du darfst nicht mehr Silvia Seidel sein."
Und von Tag zu Tag merke ich deutlicher: So utopisch ist es gar nicht. Es muß zu schaffen sein.
Das liegt aber auch an Frau Giesecke. Oft treffe ich bei ihr mit hängenden Schultern ein. Und strahlend verlasse ich sie. Sie hat eine phantastische Art, mir Kraft zu vermitteln, mich seelisch aufzubauen! Wie oft habe ich schon gedacht: Ich kann's nicht. Ich geb' auf. Und wie froh war ich, wenn ich mich doch wieder aufgerafft hatte. Wie Ballettlehrer mit ihren Schülern umgehen, das ist so wichtig.

Vorherige Doppelseite: Ich tanze Anna im Fernsehen. Das Aschenputtel-Märchen „Cinderella" gehört dazu.

Vor Drehbeginn

Frank Strecker, der Regisseur, ruft mich an. „Ich freue mich, daß du die Rolle bekommen hast. Schon als wir uns die Videokassetten angeschaut haben, waren wir uns einig: Du bist genau der Typ." Wenn er sehen könnte, wie ich am Telefon strahle . . . Vorschußlorbeeren? Sicher nicht. Aber irgendwie fühle ich mich jetzt ruhig und gut aufgehoben.
Bei der ersten Besprechung lerne ich den Produzenten Bernd Burgemeister kennen, dazu die Leute von der Filmgesellschaft „TV 60". Wir gehen den Zeitplan für die Dreharbeiten durch. Dann gibt's eine kleine Party, auf der ich alle vom Filmteam treffe. Sind das viele Menschen! Sie werden mir vorgestellt, und ich höre nur: Das da ist der Autor, und der dort soll deinen Bruder spielen . . . das ist der . . . und der . . . und der . . . Von den vielen neuen Namen habe ich fast keinen behalten.
Vor dem ersten Drehtermin haben wir Proben im Studio. Nach und nach lerne ich die Leute vom Team besser kennen. Alle sind mir sympathisch. Ich freue mich jeden Tag mehr und mehr und kann den Drehbeginn kaum erwarten.
Wieder ist Frank Strecker am Telefon. Seine Frau Monika, die Kostümbildnerin des Films, wird nächstens kommen, um mit mir meinen Kleiderschrank durchzugucken. Ob ich von meinen privaten Sachen was als Anna tragen kann, will sie entscheiden.
Ein paar Tage später steht Monika Strecker vor der Tür. Sie spricht ausführlich mit mir, wie sie mich anziehen möchte. Was ich tragen soll, muß ja auch mir gefallen. Sonst kann man sich vor der Kamera nicht natürlich bewegen, ist verkrampft, kann sich mit der Filmfigur nicht identifizieren, sie nicht überzeugend darstellen. Das Kostüm kann einem helfen, sich zu verwandeln. Aber es kann einen auch fummelig und nervös

machen, wenn es nicht zum Typ paßt. Wir beide entwickeln bald für Anna einen ähnlichen Geschmack.
Als Monika sich verabschiedet, kündigt sie mir an: „Wir müssen von Freitag auf Samstag nach London fliegen.“ Dort, erzählt sie, gibt's den größten Kostümverleih der Welt.
Ich hör' wohl nicht recht? Für eine Nacht nach London?! Früher, in den Schulferien, da war ich mal mit meinen Eltern dort. Mit ihnen zusammen bin ich viel gereist, auch weit weg. Aber jetzt? So mir nichts, dir nichts auf nach London? Das erstemal ohne meine Eltern fliegen, mit jemandem, den ich gar nicht gut kenne?
„Kannst du Englisch?“ fragt Monika mich noch, bevor sie geht. „Ich kann's nicht.“ Weg ist sie.
Die ganze Woche bin ich am Überlegen: Englisch, oje! In meinem Kopf krame ich nach dem Rest meiner Schulvokabeln. Hoffentlich stell' ich mich nicht blöd an! Oder wenn ich aus lauter Schüchternheit wieder gar nichts sage ... Gedanken über Gedanken. Unruhig bin ich, und nachts träum' ich wie verrückt.

Für eine Nacht nach London

Und dann sitzen wir im Flugzeug. Ich bin noch nie vorher in der ersten Klasse geflogen. Das Essen wird serviert, fast wie im Nobelrestaurant, und die Stewardeß bringt dazu ein Speisekärtchen mit der Menüfolge. Ich komme mir ganz luxuriös vor.
Am Flughafen in London angekommen, hab' ich ein bißchen Bauchweh vor den ersten Worten. Aber auch wenn man nicht so gut reden kann, nach ein paar Sätzen ist man schon drin. Im Heimatland einer Sprache geht das viel besser als in der Schule, ehrlich. Von Grammatik hab' ich nicht viel Ahnung, aber ich denke schon nicht mehr darüber nach, rede einfach drauflos. Und es haut hin.
Rein in ein Taxi, und ab durch die Stadt. In dem Moment, in diesem schönen, alten englischen Wagen, da merke ich – nicht, daß ich plötzlich größenwahnsinnig geworden wäre – aber da merke ich ganz intensiv: Du hast jetzt eine Auf-

Im Taxi in London.

gabe. Sitzt da in London im Taxi, fährst zu einem Verleih, in dem Kostüme für Weltstars ausgesucht werden. Und dort wirst jetzt du, jawohl du, Silvia Seidel, Filmkostüme anprobieren. Toll!

„Bermans & Nathans“ heißt dieses Geschäft. Es ist, wie ich es mir als Kind immer gewünscht hatte: einen Dachboden bei einer Oma zu haben, vollgestopft mit alten Fummeln und ganz ausgefallenen Abendroben, und da rumwühlen zu dürfen und sich verkleiden ... Oder mal in einem Opernhaus eine Nacht lang eingesperrt zu werden und in alle diese prächtigen Gewänder zu schlüpfen. Und das war jetzt Wirklichkeit, genauso, wie ich es mir vorgestellt hatte. Nur sind wir nicht in der Oper, sondern in einem Haus, groß wie ein Schloß.

Und dann Ballettkostüme probieren. Wieder ein neues, seltsames Gefühl. Denn in der Ballettschule trainieren wir nur im Trikot. So ein richtiges, duftiges, abstehendes Röckchen aus unzähligen Lagen Tüll, ein Tutu, bekommt man erst, wenn man bei einem öffentlichen Abend vortanzen darf. Wer weiß, wie lange es bei mir noch gedauert hätte, bis dieser Ballerinatraum wahr geworden wäre ...

Schon wird es gebracht: das Kostüm vom „Schwarzen Schwan“. So kostbar! Vorsichtig und fast ehrfürchtig ziehe ich es an. Was für ein Gefühl! Ganz eng anliegend bis zur Taille und dann, weit abstehend, das Tutu. Noch das funkelnde Krönchen. Sitzt wie ein Hauch von Schwanengefieder auf den Haaren – fertig! Ich hebe meine Arme – wie elegant das jetzt aussieht. Ich gehe auf Zehenspitzen, als ob ich meine Spitzenschuhe anhätte. Ich drehe mich, drehe und drehe mich, gucke in den Spiegel. Bin ich das wirklich? Ich bin im siebten, nein, im zehnten Himmel. Vielleicht schwer zu verstehen. Ich will versuchen, es zu erklären.

Ich weiß, allein brillante Tänzerinnen können die Rolle meisterhaft interpretieren. Nur sie dürfen so ein Kostüm anziehen. Aber nicht mal ihnen gehört es. Oder nur sehr selten. Und ich steh' hier mit meinem Anfängertalent und nicke mir selbst im Spiegel zu. Schwarz und schimmernd das Mieder, wippend der Rock, glänzend das Federkrönchen. Und damit soll ich tanzen – ein überwältigendes Gefühl. Aber auch irritierend. Eigentlich habe ich das gar nicht verdient. Meine Gefühle sind gespalten. Schade, schon wieder ausziehen. Aber das Schwanenkostüm wird mich in Gedanken begleiten und mich motivieren. Ich werde üben, üben, üben. Ich will dieses Solo für die Filmszene schaffen.

Wir führen Verhandlungen im Verleihhaus, ich mit meinem bißchen Englisch. Aber die Leute sind sehr liebenswürdig. Im Moment geht es um das Kleid für meinen Filmtraum. Es muß extra angefertigt werden. Monika weiß genau, wie es aussehen soll, und ich übersetze für sie. Puh, diese Fachausdrücke! Mit Händen und Füßen mach' ich mich verständlich: „Hier, die Ärmel, äh ... sleeves, ach ja, genau, und die müssen, sehen Sie, so und so sein.“ Geschafft, der Schneider hat mich verstanden. So boxen wir uns durch, schweißgebadet, immer mit dem Blick auf die Uhr.

Eine ganze Woche möchte ich mich hier vergraben zwischen Stoffen, Flitter, Spitzen, knisternder Seide, rotem Taft, in diesem Farbrausch aus quietschgelben Pluderhosen, rosa Filzhütchen mit lila Schleier, wehender türkisgrüner Federboa, silberbesticktem Prinzengewand, goldglänzendem Ballkleid, grellbunten, poppigen Overalls, Showtrikots mit roten Pailletten ... Ein wahres Paradies von Kostümen.

Zurück in München, gehen wir einkaufen für die Unfallszene im Film. Wie in einem Sketch! Monika sucht von jedem Stück viermal das gleiche aus. Vier Hosen, vier Pullis ... Einmal für mich. Einmal für die Puppe, die aus dem Wagen fliegen wird. Einmal für mich, wenn ich im Dreck liege, die Kleidung beschmiert und verkrustet. Einmal als Reserve. Wir kommen zur Kasse. Die Verkäuferin strahlt: „Vierlinge haben Sie! Wie süß!“ Ich muß mich schnell umdrehen, sonst pruste ich vor Lachen los. Meine armen Eltern, wenn ich mir vorstelle: ich viermal!

Im größten Kostümverleih der Welt gibt's alte Kleider, neue Kleider, flippige Sachen, kunterbunt, passend dazu Schuhe, Hüte, Tücher, Taschen, Handschuhe, alles.

ALS ANNA DREIZEHN WAR

Freitag, 27. Mai

Bereits nach wenigen Drehtagen bin ich mit der Arbeit, der Atmosphäre, mit den Leuten so vertraut, als hätte ich nie etwas anderes gemacht. Morgens, pünktlich um sieben, holt mich der Produktionsfahrer ab. Die Sonne strahlt, und ich freue mich auf die Ballettschule, in der wir filmen. In so einem Studio habe ich als Kind angefangen, Spagat zu üben, die erste Pirouette zu drehen, die klassischen Positionen als Tanz-Abc zu lernen.
Zwischen all den jungen Tanzschülerinnen fühle ich mich um Jahre zurückversetzt. Ich sehe mich selber wieder in den Mädchen, die gespannt und erwartungsvoll um mich herumstehen. Dreizehn Jahre alt soll ich im ersten Filmteil sein. Und fast komme ich mir tatsächlich so vor, mit diesem kindlich geschminkten Gesicht und den Korkenzieherlocken.
Später ist die Szene mit dem Lieferwagen an der Reihe. Auf dem Gehsteig warte ich, geschminkt, mit der Lockenfrisur – lustig, wie neugierig die Leute, die vorbeikommen, mich betrachten. Dann muß ich hinten auf die Ladefläche klettern, die Blumen, die dort umgestürzt sind, wieder aufrichten. In diesem Moment fährt Philipp, mein Filmbruder, plötzlich mit dem Auto los, und ich falle um.
Die nächste Einstellung. Die Kletterei wird wiederholt. Gegenüber ist die Ballettschule, und alle Schülerinnen schauen vom Balkon aus zu. Ich zum zweitenmal auf die Ladefläche rauf. Von drüben winken sie und feuern mich an: „Gut!“ – „Richtig!“ Die Stimmung ist super, es macht mir Spaß. Szene von vorn.
Ich muß mit der Faust auf das Autodach hauen. „Ja, Schwester, verstanden“, tönt es aus dem Fahrerhaus. Und umkippen! Eine Schaumgummimatte ist hinten im Wagen, und ich lande weich. Zack, mit den Beinen in der Luft strampeln.
Eigentlich schade, daß diese Szene so schnell im Kasten ist. Ich hätte mich gerne noch ein paarmal fallen lassen. So mit Schwung, das ist einfach Klasse.
Später sagt meine Mutter, daß ihr dieser kurze Filmausschnitt besonders gut gefällt, weil ich so entschlossen und couragiert wirke. Die Situation sei sehr überzeugend eingefangen: „Ich frage mich nur, was für eine Energie wohl jahrelang in dir vor sich hin geschlummert haben mag ...“

Wie ein kleiner Stuntman

Die Story geht weiter. Nun sollen die beiden Jungen, mein Bruder und sein Freund, mit dem Lieferwagen jenen Unfall bauen, bei dem Anna schwer verletzt wird. Wenn das Auto durch die Kurven rast und sich zum Schluß überschlägt, wird natürlich ein Stuntman am Steuer sitzen.
Als die Unfallszene auf dem Drehplan steht, haben wir schönstes Wetter. An so einem Tag an der frischen Luft zu sein ist wie ein Geschenk. Die Straße ist für unsere Filmfahrt abgesperrt. Der Stuntman steigt in den Wagen, ich klettere wieder auf die Ladefläche. Dieses Mal werde ich angeschnallt, wie im Flugzeug. Ich sitze auf einem Polster, rechts und links von mir die Pflanzen, die ich während der Fahrt verzweifelt festhalten soll. Und: Start!
Der Mann am Steuer lenkt das Auto so, als ob er die Kontrolle verlieren würde. Nach rechts,

nach links schleudert er, rast durch die Kurven. Hintendrauf hocke ich mit meinem Grünzeug. Alles fliegt und kippt hin und her, und ich schreie, schreie mir die Kehle aus dem Hals. Abends bin ich stockheiser.

Den ganzen Tag drehen wir die Szene. Wie ein kleiner Stuntman komme ich mir vor – was selbstverständlich übertrieben ist. Ich bin gut gesichert und, wenn sich das Fahrzeug überschlägt, werde ich längst von der Ladefläche verschwunden sein. Auch wenn ich diese Fahrt toll finde – rechtzeitig aussteigen zu können ist beruhigend. Die Realität wäre schrecklich – was der Film ja zeigen soll.

Jedesmal, wenn wir zurückkommen, steht das ganze Team da: „Hast du keine Angst?"

„Null Angst!"

Ich hatte mir immer gewünscht, einmal in einem offenen Auto mitzufahren. Und der Film erfüllt mir diesen Wunsch. Den lieben langen Tag kurven wir hin und wieder zurück.

Als wir zum zehntenmal am Treffpunkt halten: „Na, und?"

„Ach, toll!"

Der Kameramann und der Tonmann waren mit auf der Ladefläche, beide steigen kreidebleich herunter: „Wir sind völlig geschafft, ist ja eine grauenhafte Raserei!"

Eine neue Tour. Bisher ist das Auto, auf dem die Kamera montiert ist, hinter uns hergefahren und vor uns. Nun fährt es einmal rechts, einmal links. Immer wieder geht's durch die Serpentinen, immer wieder. Ich bin happy – die anderen

Anna nach dem Unfall.

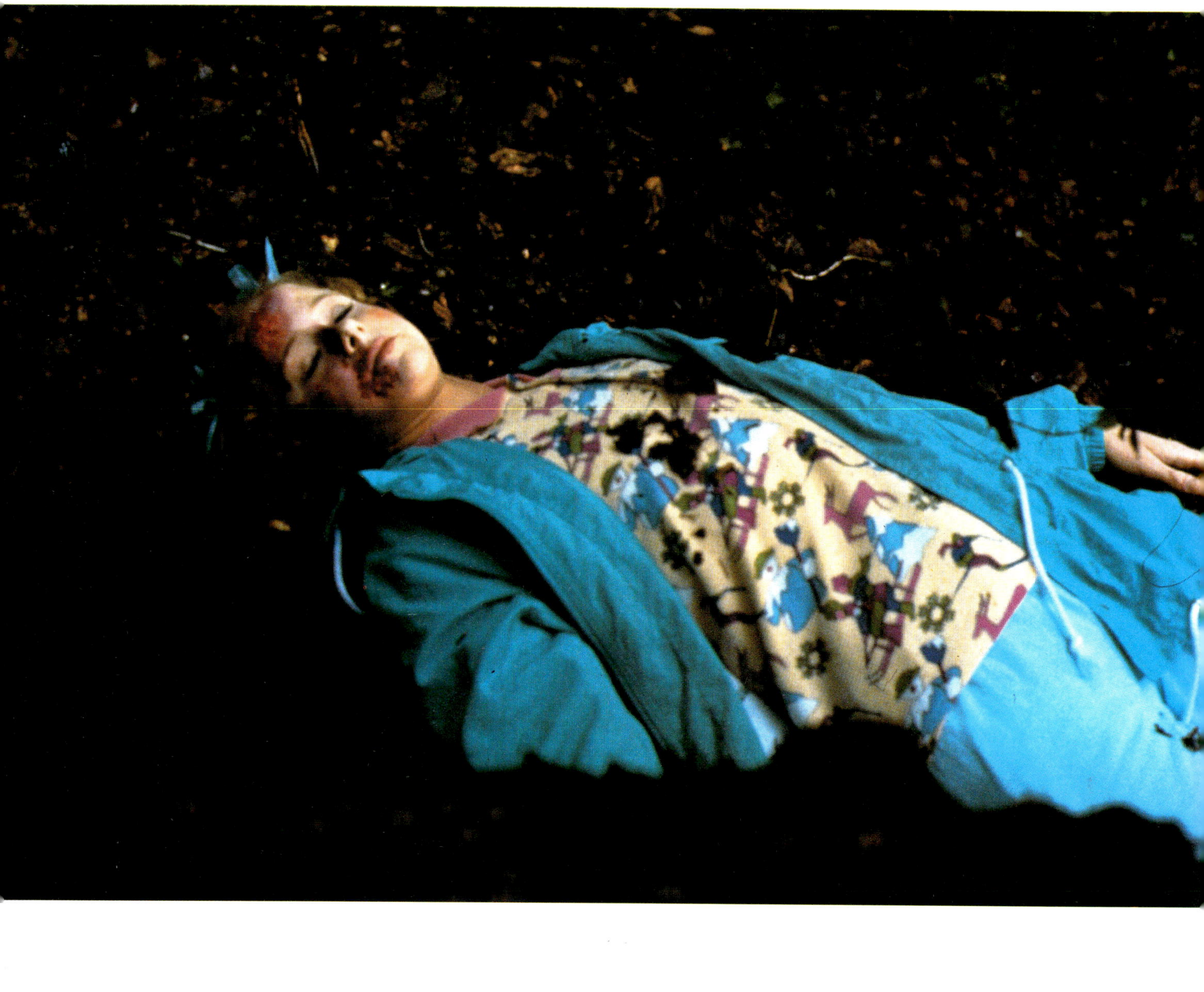

wundern sich nur noch darüber und schmunzeln.
Der Stuntman ist jetzt in voller Montur, mit Helm und allem Drum und Dran. Hinten auf dem Lastwagen, auf meinem Platz, sitzt eine Puppe. Der große Augenblick, alle halten den Atem an: Der Lieferwagen schleudert von der Straße, überschlägt sich. Die Puppe fliegt in hohem Bogen raus. Perfekt. Abgedreht. Der Held des Tages kriecht unversehrt aus dem Wrack. Alle freuen sich mit ihm.

Der Schrei auf dem Trampolin

Im Film wird in der Sekunde, als Anna aus dem Auto stürzt, mein Gesicht eingeblendet: angstverzerrt. Meinen Schrei nehmen wir am nächsten Tag auf.
Wichtigstes Requisit: ein Trampolin. Am Rand hockt der Kameramann. Ich soll hochspringen und, wenn ich nach unten komme, schreien, direkt in die Kamera. Hört sich einfach an und ist verdammt kompliziert.
Wir zählen gemeinsam: eins, zwei, drei – bis sechs. Fünfmal springe ich, immer höher. Beim sechsten Sprung soll ich das Gesicht entsetzt verziehen. Mich in Spielsituationen hineinzuversetzen fällt mir nicht schwer. Aber hier auf dem Trampolin! Ich bin zwar in Kostüm und Maske, nützt mir aber wenig. Lustig geht's zu. Das Team hockt rum und lacht sich schippelig über mich, wie ich da vergeblich Angst vortäusche mit meinem Puppengesicht, in den kindlichen Klamotten, mit den fliegenden Locken. Vor nichts dort unten graut's mir, und woher, bitte schön, soll ich Angst und Schrecken nehmen, um diesen entsetzten Ausdruck zu kriegen?
Ich jammere dem Kameramann vor: „O Peter, ich glaub', es wird nix, ich spür's selber."
„Mach's noch mal", redet er mir gut zu. „Versuche so zu gucken, als ob du auf einmal eine Kobra auf dem Trampolin kriechen siehst."
Jeder erzählt ein Erlebnis, bei dem er furchtbar erschrocken ist. Der eine, wie er von der Leiter gefallen ist. Der andere, wie er bei einer Bergwanderung an einem Hang ausgerutscht ist, und er reißt die Augen auf: „So hab' ich da geschaut."
Alle wollen mir helfen. Sämtliche Variationen probiere ich durch. Tapfer stelle ich mir Monster, Grusel, Horror vor.
Dann bricht der Peter ab: „Okay, jetzt lassen wir's."
„Meinst du wirklich, willst du schon aufhören?"
„Ja, Schluß für heute. Es ist gut, ich habe, was ich brauche."
Er denkt sicher, von mir kommt nichts mehr. Kann ich verstehen. Zu doof, daß der Schrei nichts geworden ist.
Das Produktionsteam schaut abends oft die Muster an von dem, was tagsüber gedreht wurde. Manchmal bin ich dabei, heute nicht. Meine Trampolinsprünge will ich nicht sehen.
Am nächsten Morgen ruft der Peter schon von weitem: „Du, es ist toll geworden, ganz toll!"
Ich weiß erst gar nicht, wovon er redet. Dann fällt es mir ein. „Was? Ich? Auf dem Trampolin?" Ich schau's mir an. Stimmt. Mir gefällt der Gesichtsausdruck auch. Wieder eine Etappe geschafft! Die Farbverfremdung im Film verstärkt noch die Wirkung. Sieht wirklich nach Todesangst aus.
Das letzte Bild dieser Filmszene ist für mich bequem. Ich liege auf dem Waldboden und rühre mich nicht. Die Maskenbildnerin hat mein Gesicht schön blaß geschminkt, mit „Blut" und „Verletzungen". Als ich im Spiegel verfolgte, wie mein Gesicht dank Schminke, Lidschatten und Puder langsam erbleichte, hat mir Anna richtig leid getan.
Aber zum Glück sitzt das „Unfallopfer" putzmunter im Laub, wird gleich zum letztenmal „bewußtlos". Fertig. Die „Ohnmächtige" darf aufstehen und sich ein Eis genehmigen.
An diesen Tagen habe ich oft gedacht: Hoffentlich passiert mir nie so ein Unglück. Wenn die Leute doch alle ein bißchen vernünftiger fahren würden. Was wir hier in Szene setzen, ist leider nicht weit hergeholt. Leichtsinn auf den Straßen ist an der Tagesordnung. Und da will ich den Führerschein machen?

WAS SO ALLES DAZUGEHÖRT

Mittwoch, 1. Juni

Wenn man in einer Szene nicht dran ist, aber mit Make-up auf dem Gesicht warten muß, ist das vor allem draußen bei strahlendem Sonnenschein ein ausgesprochen witziger Anblick. Als erstes: Sonnenbrille auf, damit man nicht die Augen zukneift und Rillen in die Schminke blinzelt. Unter die Brille ein Stückchen Papiertaschentuch, damit's keinen Abdruck gibt. Und dann rennt beim allerschönsten Wetter immer jemand mit Schirm hinter einem her. Damit nicht die ganze Schminkkunst in der Sonne zu „schmelzen" beginnt. Urkomisch. Man kommt sich auch ein bißchen albern vor, wenn man dasteht mit Brille und Taschentuch auf der Nase. Vor allem, wenn noch Leute zuschauen. Wie auf der Maximilianstraße, wo wir den Abschiedskuß mit Annas Freund Rainer, den Patrick Bach spielt, drehen.

Mit Ronnie Janot, meinem Filmbruder, drehen wir in einer Autowaschanlage. Ein knallheißer Tag. Ich in Lederjacke. Die geplante Perspektive ist schlecht in die Kamera zu kriegen. Darum müssen wir mit dem Wagen immer von neuem durch die Anlage fahren. Durch, wieder dreckig machen, waschen, raus, wieder eindrecken. Man glaubt nicht, was für einen Aufwand manche kurzen Szenen brauchen.

Oder später im Haus der Filmfamilie Pelzer. Heißester Sommer. Das ganze Team in einem winzigen Zimmer. Für einen Sekundenschuß mit der Kamera wird alles vorbereitet. Ein Mobile soll sich bewegen, das Anna vor dem Einschlafen betrachtet. Eine Fensterattrappe ergibt den Wandschatten, in dem das Windspiel schaukelt. Das Mobile wird mit einem Fön angeblasen. Ganz vorsichtig klettere ich durch das mit Scheinwerfern, Kamera, Mikro- und Tonanlage zugebaute Zimmerchen in mein Bett. Daß ja nichts umfällt! Geballte Spannung auf kleinstem Raum. Kameramann und Assistent, Tonmann und Assistent, Regisseur und Assistent, Skriptgirl, Maskenbildnerin, daß keiner von ihnen nervös wird, wenn was schiefläuft – bewundernswert.

Im „Pelzer-Haus" erlebe ich viel Verrücktes. Einmal haben wir einen Nachtdreh. Ich bin hellwach nach Mitternacht, überdreht, fast schon high. Stehe oben am Fenster, unten bauen sie Scheinwerfer und Kamera auf. Da schwenke ich einen Hut und schmettere die Marseillaise in die Nacht hinaus. Alle ganz erschrocken: „Psst, bist du närrisch!" Mein Regisseur hat später die Maskenbildnerin – die ein besonders gutes Verhältnis zu mir hat – gefragt, ob ich Aufputschmittel genommen hätte. Natürlich nicht. Ich war nur aufgekratzt. Vor lauter Begeisterung.

Ein andermal überlegen wir uns alle miteinander eine Textstelle. Was soll Vater Pelzer sagen, wenn Anna Schluckauf hat? Eine Redensart heißt: An sieben glatzköpfige Männer denken. Das gefällt uns nicht. Und weil er Restaurator ist, schlage ich vor: An sieben restaurierte Engel denken.

„Das nehmen wir", höre ich den Frank.

Schwupps, fliegen mir fünfzig Pfennig entgegen. „Was soll ich mit dem Geld?"

„Prozente für deinen Einfall!"

Bilder aus der Filmarbeit: Licht und Kamera werden eingestellt. Neues Make-up. Damit der Anschluß am nächsten Tag stimmt: Ein Foto vom Kostüm. Spielpause. „Specki" (unten rechts) sorgt für den rechten Ton.

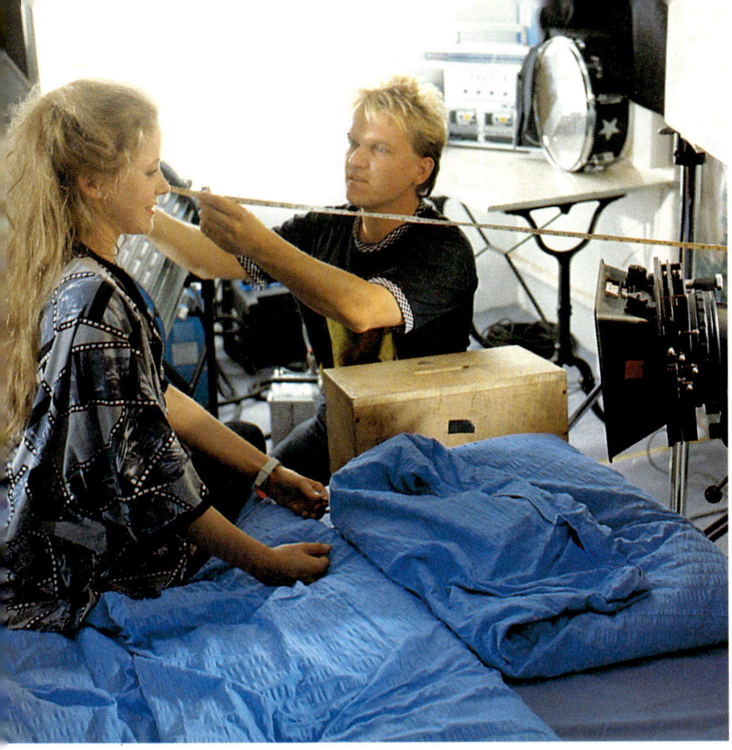

Vielleicht spielen wir sein Leben?

Ein wenig beklommen ist mir's an den nächsten Tagen ums Herz. Wir drehen in einem Krankenhaus. Mir kommen wieder Gedanken in den Sinn, die mich schon oft beschäftigt haben.

Im Grunde glaube ich, wir stehen Krankheiten ohnmächtig gegenüber. Allerdings hab' ich den Eindruck, es ist die gleiche Geschichte wie mit Horoskopen. Wenn einer wirklich an böse Prophezeiungen glaubt, zieht er das Unglück geradezu an.

Ich denke wieder daran, daß ich es unmenschlich bürokratisch finde, wenn man einem Sterbenskranken, der nicht mehr qualvoll am Leben erhalten werden möchte, den Tod nicht zugesteht. Da passieren, nach meinem Verständnis von Humanität, schlimme Sachen. Wovor tiefe Angst in mir sitzt, das ist der Tod meiner Eltern. Vor meinem eigenen habe ich nicht solche Furcht. Aber vor einem Unfall. Wenn man ein Bein verliert. Oder das Gesicht entstellt wird. Ich will nicht daran denken. Sonst passiert's womöglich.

Mein Vater meint, alles sei vorbestimmt. Früher habe ich mich mit ihm oft darüber gestritten. Heute denke ich: Was geschieht, kann ich schlecht beeinflussen; nur wie ich darauf reagiere – das liegt an mir. Die gelähmte Anna im Krankenhaus ist ein gutes Beispiel dafür.

Wir filmen in einem Behandlungszentrum für Wirbelsäulengeschädigte. Dort werden auch körperlich und geistig Behinderte versorgt. Zum

Anna im Rollstuhl: Szene mit Patrick Bach als Rainer.

erstenmal in meinem Leben habe ich auf diese Weise direkten Kontakt mit behinderten Menschen. Viele von ihnen haben Patrick Bach schon in anderen Fernsehserien gesehen. Ihm laufen sie spontan entgegen, als wir auftauchen. Ich bin erleichtert: Gut, daß mich hier keiner kennt.
Aber bald kommen auch Leute auf mich zu. Ein Mädchen läßt mir keine Ruhe: „Willst du meine Freundin sein?" Ein anderes lächelt mich an, streichelt meine Haare: „Du bist so schön ..."
Es ist schwer, jemandem ohne Scheu in die Augen zu schauen, der einem mit seinem kranken Körper, seinem kranken Geist leid tut. „Silvia, kommst du morgen wieder?" Sie sind so glücklich, wenn man sich mit ihnen unterhält, lachen fröhlich, und ich bin schrecklich verlegen. Möchte am liebsten nur weg. Ungerecht fühle ich mich ihnen gegenüber. Ich weiß einfach nicht, wie ich mich verhalten soll. Ich will sie nicht enttäuschen, aber auch nicht extrem fürsorglich reagieren, sondern ganz normal. Am meisten nimmt es mich mit, wenn Eltern ihre Kinder im Rollstuhl zu mir heranfahren und für sie um ein Autogramm bitten.
Aber gerade aus diesen Erfahrungen heraus halte ich die Rolle des querschnittgelähmten Jungen in der meist recht fröhlichen Welt unserer Serie für heilsam und wichtig. Vor allem wird mit den Problemen, die sich aus seiner Situation ergeben, in dem Film sehr selbstverständlich umgegangen. Rollstuhlfahrer und Behinderte überhaupt – das ist Wirklichkeit, die uns täglich begegnet. Nur – wir weichen ihr allzugern aus.
Eine Woche lang drehen wir in dem Behandlungszentrum. Ab und zu streift mich der Gedanke: Morgen könntest du hier liegen ...
Oder die Furcht beschleicht mich: Wenn jetzt ein Kranker kommt und sieht, wie wir „krank" spielen, muß doch in ihm ein unvorstellbarer Zorn hochsteigen. Ich rechne damit, daß irgendwann einer lostobt: Was traut ihr euch eigentlich? Es muß furchtbar sein, wenn jemand, der nicht mehr alleine aufstehen kann, uns beobachtet. Vielleicht spielen wir sein Leben?
Solche Gedanken belasten. Um dieses bedrükkende Gefühl abzuschütteln, machen wir – unbewußt wohl – Blödsinn mit den Krücken, mit dem Rollstuhl. Frank, der gerade noch selbst mitgelacht hat, stoppt den Quatsch: „Was erlauben wir uns eigentlich?"
Wir alle halten es nicht sonderlich gut aus hier. Im Grunde wollen wir uns vielleicht nur vor den Tatsachen drücken – und albern deshalb in der nächsten Minute schon wieder herum.
Immer mehr wird versucht, Behinderte in die Gesellschaft zu integrieren. Viele von ihnen kämpfen auch selbst darum: vorbehaltlos akzeptiert zu werden. In dieser Woche aber merke ich, wie ungeübt wir im Umgang miteinander sind. Diese Dreharbeiten bringen mir menschliche Begegnungen, die ich nicht gesucht hätte, die mir aber viel zu denken geben. Wenn ich mir das klarmache, bin ich dem Film auch für diese Chance dankbar.

Fußarbeit fürs Schwänchen

Mit „Schwanensee" bin ich als Anna ganz schön beschäftigt. Eine Filmszene mit den vier weißen, kleinen Schwänen ist vorgesehen.
Die Story, die der Zuschauer sieht, erzählt sich kurz: Anna darf in „Schwanensee" in der Münchner Oper als Schwänchen einen Abend einspringen. In der Loge sitzt die Familie, von einer Bühnengasse aus verfolgt Annas todkranke Lehrerin Kralowa den Auftritt.
Milena Vukotic, die im Film die Kralowa spielt, ist eine großartige Frau. Zart, zerbrechlich, sehr still. Ich kann mit ihr wunderbar reden. Sie kennt das Problem: tanzen und spielen. Auch sie hat das durchgemacht.
Die Münchner Staatsoper gastiert mit diesem Ballett gerade im Markgräflichen Opernhaus in Bayreuth. Dort wird die Totale gefilmt. Aber ich kann ja für die Filmaufnahme nicht in der Ballettgruppe mittanzen, so mir nichts, dir nichts. Also müssen ein paar Tricks der Wirklichkeit im Film auf die Sprünge helfen: Die Drehorte werden bunt gemixt.
Alles wird gekonnt zusammengestückelt. Die

Familie wird tatsächlich in der Staatsoper gefilmt, die Szene mit der Lehrerin im Theater in Paris, „Schwanensee" – wie gesagt – auf der Bühne in Bayreuth, der Schwänchen-Auftritt mit mir in einem Studio, wieder in München. Für diesen Ausschnitt übe ich mit Tänzerinnen im Ballettsaal der Münchner Oper. Nachher auf dem Bildschirm werden diese Puzzlestücke eine ganz natürliche Einheit ergeben. Ein Hoch auf die Cutterin, die dieses Kunststückchen am Schneidetisch vollbringt.

Die Choreographie des Schwanenquartetts lerne ich Schritt für Schritt wieder allein im Wohnzimmer. Vor dem Fernseher. Mit Video. Diese schnelle Fußarbeit! Die Kopfhaltung! Mit ausgebildeten Tänzerinnen zusammen werde ich das nie durchhalten ... Dann ist es soweit: Probe im Ballettsaal der Staatsoper. Ich tanze meinen Part mit den Tänzerinnen voll durch. Gut, daß mich die beiden rechts und links an den Händen halten. So kann ich besser im Rhythmus bleiben. Doch sie mahnen: „Silvia, du darfst nicht so ziehen."

Die armen Frauen, denke ich, sie haben einen Ballettag mit vollem Repertoire hinter sich; kommen von ihren schweren Proben, um mit einem Mädchen, das alles nur ungefähr kapiert, eine Filmszene vorzubereiten, in der sie nur für Sekunden auftauchen. Sie opfern ihre wertvolle Zeit für ein bißchen Gage.

Noch nie habe ich zusammen mit anderen in einer Reihe getanzt. Synchron zu sein ist wahnsinnig anstrengend.

Die Erfahrung, mit richtigen Tänzerinnen proben zu können, ist für mich unbezahlbar. Zu Hause drücke ich gleich wieder auf die Videotaste. In Zeitlupe studiere ich hundert- und aber hundertmal die Füße, den Kopf. Bis ich's einigermaßen habe. Der Ehrgeiz zwickt mich. Da fällt es mir plötzlich leichter, die enorme Konzentration für die irrsinnig schnellen Bewegungen aufzubringen. Nur schlimm, daß alles in so kurzer Zeit sitzen muß.

Der Studiodreh rückt bedrohlich nah. Vier Pro-

Mein Problem: die Füße. Aber sie müssen.
Proben für die vier weißen Schwänchen.

bentermine, je eine halbe Stunde, stehen zur Verfügung. Nach den täglichen Dreharbeiten sause ich in die Oper. Ohne mich warm tanzen zu können, ziehe ich den Schwanenauftritt jedesmal komplett durch. Normalerweise arbeitet man monatelang an diesem Schwänchen, zumal, wenn man's zum erstenmal für die Bühne macht. Hinterher bin ich meistens kaputt. Groggy. Nichts geht mehr.
Bei aller Hektik: Die Tänzerinnen sind nett zu mir, eine ganz besonders. Sie kümmert sich richtig um mich und meine Fußarbeit fürs Schwänchen.
Und dann klappt es tatsächlich. Nur gut, daß ich vorher nicht wußte, daß bei der Studioaufzeichnung lediglich ein Detail dieses Tanzes genommen wird und eine Großaufnahme von meinem Gesicht. Schluß. Hätte gar nicht den ganzen Kram einstudieren müssen. Ich bereu's aber nicht. Es war ein Erlebnis. Eins, das mir Mut zum Tanzen macht.
Was mich selbst erstaunt: Ich bin jeden Tag mit enormer Freude dabei. Worüber ich mich noch mehr wundere: wieviel eiserne Disziplin ich ganz freiwillig für die Schwanengeschichte aufbringe.
Wie Anna zu sein gefiele mir auch. Sie traut sich tausend Dinge, die ich nie anpacken würde. Ab und zu habe ich das Gefühl, ich bin durch sie, durch die Rolle, ein bißchen Anna geworden. Ich denke dabei aber nur an meine Portion Mut, die ich mir dazuerobert habe.
Alle Schufterei, alle Querelen sind vergessen, wenn ich vor der Kamera arbeite. Das ist mein Job. Ob er's bleibt und wie lange, hängt von den Angeboten ab, die ich bekomme oder nicht. Aber im Moment ist das meine große Aufgabe: Mit mir selber zu Rande zu kommen, mit diesen ganzen Hochs und Tiefs, mit diesen Spielszenen, der seelischen Einstellung dazu. Für mich mein Leben. Und man lernt nirgendwo mehr im Leben als „im Leben". Und ich bin im Leben. Ich denke, so ist es, wenn man anfängt, ins Berufsleben zu treten.

DER TRAUM VOM „SCHWARZEN SCHWAN“

Dienstag, 7. Juni

Und dann führt kein Weg mehr dran vorbei: Mein Filmtraum mit dem „Schwarzen Schwan“ ist dran – die Fouettés, die ich zusätzlich zum Solo tanzen möchte. Da heißt es, allen Mut zusammennehmen.

Durch die Dreharbeiten bin ich inzwischen ein bißchen selbstbewußter geworden, zum Glück. Als ich bei den Filmaufnahmen zum erstenmal gelobt wurde, glaubte ich, die Leute wollten mich nur aufziehen. Ich weiß ja, ich mache noch viele Fehler. Trotzdem habe ich mich gefreut. Ein kleines Kompliment tut einfach gut. Manchmal denke ich, Ballettänzer schätzen ein Lob mehr als Menschen in anderen Berufen. Sie wissen, was es bedeutet, Tag für Tag zu arbeiten, um – endlich – etwas richtig zu machen und belohnt zu werden. Jeden Tag gehen sie durch ihre eigene kleine Hölle beim Training, führen einen ständigen Kampf mit dem Körper. Tanzen erfordert nicht nur körperlichen Einsatz, sondern auch seelisches Engagement. Seele – ist im Grunde das Wichtigste beim Tanz.

Der Tag fängt hektisch an. Das kann ja heiter werden, denke ich, denn vier verschiedene Tanzszenen habe ich vor mir. Entsprechend turbulent geht es zu.

Ständig schminken, anziehen, tanzen, rauf in die Garderobe, umziehen, umschminken. Das Make-up dauert jedesmal bis zu einer Stunde. Langsam geht mir die Puste aus. Die ersten zwei Szenen haben wir schnell abgedreht. Sie sind ganz gut geraten.

Ausgerechnet der „Schwarze Schwan“ ist fast zum Schluß vorgesehen. Aber ich will es schaffen. Nun habe ich ja während der Drehwochen nicht jeden Tag trainieren können. Mir ist diese schlechte Ausgangsposition für meinen Schwanen-Auftritt sehr bewußt, als ich perfekt geschminkt und mit dem wunderbaren Kostüm vor der Kamera stehe. Schön und mir selber fremd.

Das Tonband mit der Ballettmusik läuft. Ich versuche, die Fouettés zu drehen. Und – nichts geht. Überhaupt nichts. Ich merke, wie sich mir die Kehle zuschnürt. Mein Gesicht glüht. Ich bitte: „Noch mal. Ich versuch's noch mal.“ Wieder nichts.

Immer stiller werden alle um mich herum. Jeder spürt, daß ich absolute Ruhe brauche. Aber nichts kommt zustande. „Leute, noch einmal. Ein einziges Mal! Ich muß es schaffen!“ Es wird nichts. Aus. Ich komme mir kaputt vor, wie – wie ein Püppchen auf einer Spielzeugdose, das sich nicht mehr dreht. Der Schlüssel ist verloren. Ende der Vorstellung. Ich kann die Tränen nicht mehr zurückhalten. In meinem schwarzen Kostüm stapfe ich die Treppe hoch zur Garderobe, die Tränen laufen nur so runter, ich schluchze und heule und kann mich nicht mehr beruhigen. Ich bin so enttäuscht von mir. Diese Fouettés drehen zu können, darauf war ich doch so stolz.

Der Kameramann kommt, will mich aufmuntern: „Was ist denn? Du bist mir zu ehrgeizig, ich versohl' dir noch den Hintern ... Du machst dich ja kaputt mit deinem Ehrgeiz.“

Ich bin erledigt, total. Alle kommen und reden auf mich ein. Nützt nichts. Ich bin nur am Heulen. Ich wollte die Fouettés doch unbedingt vorführen, meine geliebten Fouettés. Und ausgerechnet die klappen nicht. Ich bin mit den Nerven am Ende.

Blumen für die Tränen

Ich weine und weine. Verheult sitze ich in der Garderobe. Dabei weiß ich: Noch eine Tanznummer muß gedreht werden. „Chorus Line"! Wie soll ich das in diesem Zustand schaffen? Während ich da so vor dem Spiegel hocke, ist ein Gefühl in mir, als ob alles zusammenbricht. Ich sehe ein düsteres, schwarzes Loch und sonst nichts.

Plötzlich steht der Frank hinter mir. „Du, das ist für dich abgegeben worden." Ich reagiere nicht. „Guck doch mal."

Ich blinzle unter meinen verweinten Lidern hervor und sehe einen riesigen Blumenstrauß. Ungläubig schaue ich ihn an. Frank drückt ihn mir in die Arme. Rosen, Gerbera, Phlox, blaue Blüten dazwischen, gelbe, die so süß duften, zarte weiße Rispen, prachtvoll. Wie ein ganzer Sommertag.

„Du hast mir so leid getan vorhin", meint der Frank und lächelt. „Ich konnte das nicht mit ansehen. Also, ich verspreche dir: Wenn wir in Paris drehen, dann darfst du's noch mal versuchen. Ich gebe dir noch eine Chance."

Da stehe ich nun mit diesem phantastischen Strauß im Arm und schluchze immer noch. Doch die dunkle Wolke in meinem Kopf ist wie weggeblasen. Der Tag ist für mich gerettet.

Ich kann wieder lächeln, schlucke schnell die letzten Tränen runter, strahle Frank an. Und das Stück aus „Chorus Line" wird total gut.

Aus der Traum? Meine Frau Giesecke hilft mir weiter!

Innerlich schwöre ich mir, bis Paris zu trainieren, koste es, was es wolle. Doch was ich mir aufgehalst habe, bekomme ich schon bald zu spüren. An diesem Abend denke ich daran zurück, wie das mit den Fouettés begonnen hat. Jeder hat ja so seine Stärken von Natur aus. Ich habe eine gute Achse – das heißt, ich kann gut drehen. Andere können besser springen oder haben längere Beine. Jeder hat ein Plus.

Zusammen mit einer Freundin und unserer Ballettlehrerin Frau Giesecke habe ich mal bei einem Nachwuchswettbewerb zugesehen. Bei dem hat eine Spanierin, sechzehn Jahre alt, eben diese Fouettés gedreht, neunmal double, also doppelt, und die restlichen einfach. Wir stupsen uns an. „Hast du das gesehen?" flüstern wir. „Das versuchen wir auch mal, nur so für uns."

Und so fingen wir an zu drehen. Man kann sich als Laie kein Bild davon machen, wie peinvoll langsam dieser Weg zur perfekten Drehung ist. Ein Fuß steht auf der Spitze, das andere Bein bewirkt mit einer peitschenden Bewegung die nächste Drehung. Und das alles blitzschnell, hintereinander weg. Daß es uns gelang, kam nur dadurch, daß wir es zum Spaß machten. Am Anfang war meine Freundin viel besser als ich. Langsam haben wir uns gegenseitig gesteigert. Erst sechzehn einfache, dann konnten wir zweiunddreißig durchhalten. War das toll! Und unsere Lehrerin hat uns aufgefordert: „Ver-

sucht's! Ihr könnt's!" So ging das immer weiter, bis wir beide auf sechzehn Doppelten waren.
Manchmal lief aber auch gar nichts. Wir wußten nicht einmal, warum bloß? Aber Frau Giesecke hat uns beruhigt: „Das passiert jeder Tänzerin, und dann muß sie zurück an die Stange und ihre Balance wiederfinden."
Daß ich mich mit den Fouettés so abgemüht habe, heißt nicht, daß sie das wichtigste oder schwerste sind. Nur: seine Vorteile möchte jeder gerne zeigen und deshalb besonders „ausputzen".
Noch sind bis Paris einige Wochen Zeit. So bin ich jeden Tag bei Frau Giesecke, wenn es sich nur einrichten läßt. Erst übe ich Variationen, gehe mein Schwanen-Solo durch, und danach probiere ich, die Fouettés wieder hinzukriegen. Aber sie sind weg. Wie's in einem Alptraum nicht schlimmer sein könnte. Ich schaffe sie nicht, beim besten Willen nicht.
Wenn ich abends nach den Filmarbeiten zur Ballettstunde komme, bin ich manchmal ganz schön fertig von dem langen Tag. Trotzdem sag' ich mir: Reiß dich zusammen! Ich weiß doch, in Paris habe ich meine Chance. Und die will ich nutzen. Aber dann knalle ich gegen die Ballettstange, keine einzige Drehung gelingt mir, an eine doppelte ist gar nicht zu denken. Bedrückt schleiche ich nach Hause – diesen großen Wunsch muß ich wohl abschreiben. Zum Verzweifeln. Aber am nächsten Abend zwinge ich mich wieder zum Training.
Die ganzen Tage über bin ich als Schauspielerin in Aktion, denke nicht ans Tanzen. Ich beginne, mich anders zu fühlen: Die Körperspannung, die zum Tanz notwendig ist, verschwindet. Wie im Urlaub, wenn ich nicht trainiere.
Ich werde dicker. Typisch. Wenn ich Streß habe, futtere ich zuviel. Aber auch, wenn ich mich sehr freue, esse ich mehr als sonst. Durch all das verändert sich mein Körper.
Wieder in diese Tanzspannung reinzukommen ist ein Kampf gegen mich selbst. Die anderen sind immer so ehrgeizig. Wenn sie was nicht können, stehen sie im Ballettsaal und üben und üben. Ich eigentlich nie. Im Urlaub habe ich mich ungeheuer zwingen müssen, meine Fußübungen durchzuhalten. Denn die Füße, die waren immer mein größtes Problem. Und jetzt? Was ist mit mir? Zum erstenmal verspüre ich so was wie beruflichen Ehrgeiz.
Samstags und sonntags habe ich drehfrei. Mich morgens zum Training aufzuraffen kostet Überwindung. Es ist, als ob ein Männchen in mir sitzt, das mir angst macht und das mich antreibt, obwohl ich nicht die geringste Lust habe: Wenn du jetzt nicht trainierst, nicht jede Sekunde nutzt, wirst du nicht tanzen können.
Besonders schlimm ist es für mich an einem Tag, an dem wir im Englischen Garten drehen. Wunderschönes Wetter. Wir sind fertig. Jetzt möchte ich hier bleiben, liebend gern, mich sonnen, am Abend gemütlich nach Hause radeln. Aber ich weiß: Ich muß zu Frau Giesecke. Eine ohnmächtige Wut steigt in mir auf. Ich mag nicht. Nein. Aber ich gehe wie von alleine. Mein Kopf will nicht, aber die Füße machen sich selbständig. So ein Gefühl ist mir völlig neu. Als wenn ich zurücktrete hinter mich, und eine andere Person mich zieht.
Nachher überlege ich mir, wer heute abend eigentlich getanzt hat: ich oder Anna?

Die Chance in Paris

Die Zeit vergeht. Langsam hat mich Frau Giesecke wieder aufgebaut, langsam kommt das Gefühl für die Drehungen zurück. Und jetzt, wo ich soweit bin, steht der Abreisetermin nach Paris vor der Tür. Ich muß mich von meiner Lehrerin verabschieden.
„Die ganzen Korrekturen, die ich dir gegeben habe, was wir die letzten Wochen besprochen haben – denke daran. Ich kann dir jetzt nicht mehr helfen."
„Tschüs, Frau Giesecke."
„Ade, Silvia."
Irgendwie wird's schon klappen, ich mache mir selber Mut. Fünf Doubles kann ich wieder drehen, fast mit Garantie. Allerdings mehr nicht.

Vorherige Doppelseite: Szene aus „Chorus Line".
Höchste Konzentration: der „Schwarze Schwan".

Zwei Wochen werden wir in Paris filmen und erst in den letzten Tagen den „Schwarzen Schwan". Bei der Produktion habe ich so lange gebettelt, bis mir Unterricht in Paris versprochen wurde. „Ich brauche jeden Tag Training, sonst tanze ich nicht", hatte ich wild entschlossen gedroht.
Als wir in Frankreichs Metropole ankommen, ist mir mein tägliches Training sicher. Jeden Morgen stehe ich früh um sechs Uhr auf, um noch vor den Dreharbeiten meine Übungsstunden zu absolvieren. Auch wenn ich nicht die geringste Lust habe, so zeitig aus den Federn zu kriechen – ich bleibe hart. Du mußt trainieren, befehle ich mir immer wieder, du willst nicht noch mal versagen.
So versuche ich jeden Tag, zäh und verbissen, wieder auf den richtigen Dreh zu kommen. Allmählich erobere ich mir in diesen zwei Wochen tatsächlich meine Fouettés zurück. Und das, obwohl ich zehn, zwölf, vierzehn Stunden am Tag vor der Kamera stehe.
Manchmal weiß man genau: Heute klappt's. So ein Tag ist das, als ich in Paris „meine Chance" habe. Das ganze Team kennt mein Problem. Für mich kommt jetzt das Schwerste auf der Bühne. Aber ich bin ziemlich gut drauf. Tanze mich warm. Drehe mich ein. Erst die zweiunddreißig einzelnen Drehungen, dann sechzehn mit jeder dritten Drehung doppelt und dann die Doubles. So dreh' ich mich immer ein. Auf einen Schlag ist das nicht zu packen.
In München haben wir „Cinderella" und „Die Puppenfee" auf einer Bühne in einer Aula getanzt. In Paris tanze ich zum erstenmal in einem richtigen Theater auf einer großen Bühne. Von meiner Zeit als Kinderstatistin her weiß ich noch, wie das ist: Scheinwerferlicht und Bühnenrampe. Aber in diesem Licht zu tanzen und zu wissen, dort vorne hört die Bühne auf, da geht's steil in den Orchestergraben runter – das ist was anderes. Das Scheinwerferlicht blendet, man hat keine Orientierung mehr. Ich denke nur an diesen Abgrund und meine, gleich falle ich. Ein Schatten der beängstigenden Orientierungslosigkeit bleibt, auch beim Tanzen.

Applaus aus den Kulissen

Mein Schwanen-Solo, ohne die Koda, haben wir schon gestern auf dieser Bühne gefilmt. Ich kenne die Umgebung, sie ist mir vertraut. Das gibt ein bißchen Sicherheit. Das Solo gehört zu der Filmszene vom Tanzwettbewerb. Die Fouettés, die träume ich. Für diesen Traum ist der Zuschauerraum leer. Nur die Bühne liegt in grellem Licht. Einsam und verloren komme ich mir da oben vor. Wenn ich nun an der Rampe stolpere, kopfüber in den Orchestergraben stürze? Nicht an so schreckliche Bilder denken! Ruhig atmen. Normales Lampenfieber ist ja in Ordnung, aber diese Nervosität, die tut nicht gut. Frau Giesecke hat mich gewarnt: Du hast zuviel Nerven! Eiskalt sein. Anders geht es nicht. Man muß sich sicher fühlen. Gleichzeitig ist eine kraftvolle Spannung notwendig, um sich ununterbrochen auf der Spitze zu halten.
Alles, was ich mit diesen Fouettés erlebt habe, schießt mir nochmals durchs Gehirn. Für einen Moment schließe ich die Augen. Ton läuft, Kamera läuft, Klappe. Ich stelle mich auf: das Licht, einen Punkt suchen, und durch. Drehen, drehen, drehen. Weiter, weiter, weiter. Eiskalt. Es geht, es geht. Wunderbar. Bei neun merke ich, wenn ich jetzt die Doubles weiterdrehe, mache ich sie mir kaputt. Dreh' lieber einzeln bis zum Schluß durch. Instinktiv dirigiere ich mich richtig. Eine Atempause stehe ich noch, die Kamera muß ja die Sekunde zum Wegschwenken haben – und: „Uuuiii! Super!" Ich jauchze auf. Springe hoch.
Und mitten in meinen Freudenschrei bricht der Jubel los. Aus allen Kulissen und Bühnengassen kommen sie und klatschen und rufen: „Bravo!" In den Seiten steht das ganze Team, alle, alle, vom Skriptgirl bis zum Beleuchtungsassistenten. Gut, daß ich das vorhin nicht gemerkt habe. Das wäre für mich viel zu aufregend gewesen – meine Fouettés hätte ich glatt vergessen können.
Den restlichen Tag bin ich aufgedreht, schwebe nur noch in einem einzigen Freudentaumel. Es ist zu schön, um wahr zu sein.

WENN EINE ARBEIT ZU ENDE GEHT

Freitag, 17. Juni

Ich mache wahnsinnig gerne Geschenke. Schon als Kind habe ich mit viel Phantasie Weihnachts- und Geburtstagsüberraschungen selbst gebastelt.
Lieblos verpackte Geschenke kann ich nicht ausstehen. Eine Freundin ist in dieser Beziehung genauso wie ich. Wir wickeln Päckchen hübsch ein. Geben uns Mühe, mit Schleifchen und Kärtchen und 'ner Menge Schnickschnack. Wenn ich ihr was schenke, macht sie's ganz vorsichtig auf. Ein Fest für mich! Die meisten zerschneiden die Schnur, zerreißen das Papier. Das tut weh, wenn man soviel Herz in die Verpackung gelegt hat. Ich hebe die Bänder auf, verwende sie wieder, dekoriere Karten damit.
Weil ich viel von diesen kleinen liebevollen Gesten halte, die Geschenke sein können, bin ich von der Überraschung, die mir das Fernsehteam zum Drehabschluß bereitet, hingerissen.
Paris. Vorletzter Drehtag. Am Abend die Abschiedsparty. Wir feiern im Foyer des Theaters, in dem wir an diesem Tag gedreht haben, in dem ich zum erstenmal auf einer richtigen Bühne getanzt habe. Den „Schwarzen Schwan". In diesem Haus hat Romy Schneider zum erstenmal in Paris Theater gespielt. Am gleichen Tag wie sie, am 23. September, habe ich Geburtstag.
Das ganze Team hat auf einem Foto von mir als „Schwarzer Schwan" unterschrieben. Vier Mitarbeiterinnen schenken mir dazu ein Buch über Romy Schneider. Ich steh' mit Tränen in den Augen da. Soviel Zuwendung kann ich ohne Rührung gar nicht verkraften.
Immer noch ein Abschiedspräsent. Geschenke mit Wert und Überlegung. Regisseur, Kostümbildnerin und Kameramann, die drei haben sich etwas ganz Beziehungsreiches ausgedacht. Mir stockt der Atem vor Überraschung, als ich das Päckchen aufmache. Ein Fächer! Original französisch, aus dem Jahre 1860, mit Zertifikat, aus einem Pariser Antiquitätenladen. Eine Karte dazu: „Immer wenn Du frische Luft brauchst, fächle sie Dir selber zu. Wir danken Dir. Ohne Dich wäre der Film nicht möglich gewesen. Dein Frank, Dein Peter und Deine Moni."
Im Fernsehen gibt es eine Szene, in der Anna vortanzt und ihr dabei der Fächer aus der Hand gleitet. Ich habe für den Film einen eigenen benützt. Man sieht mich tanzen, Schnitt, und ein paar Sekunden den fliegenden Fächer in der Luft. Um das zu drehen, mußte er ein paarmal geworfen werden. Dabei ist er auf einer Seite abgebrochen. Ohne es jemand zu sagen, war ich – eigentlich über mich – verärgert. Dumm von mir, meinen eigenen Fächer mitzubringen. Und nun als Trost diese Kostbarkeit!
Produzent Bernd Burgemeister taucht mit einem Paket auf. Es ist so schön eingepackt, daß ich verkünde: „Das mache ich erst in München auf."
Einer nach dem andern kommt und drängelt: „Mach's halt auf . . ."
„Wieso?"
„Ja, er wartet doch darauf, er würde sich bestimmt freuen, er sagt nur nix."
Ich wickele also aus: „Aaaaaah . . .! Das Traumkleid!"
Ein Hauch von wehenden Stoffbahnen. Das Kleid aus dem Filmtraum. Von ihm habe ich geschwärmt, schon mal damit geliebäugelt, es mir selbst zu kaufen. So schnell, wie ich mich umzie-

he, kann man nicht bis zehn zählen ... Den Rest des Abends verbringe ich auf rosaroten Wölkchen. In diesem Traum aus Chiffon. Taumelig vor Glück.
Nachts, im Hotelbett, lese ich noch mal die Karte, die mir Bernd Burgemeister in den Kleiderkarton gelegt hat. Von einem Mann im harten Filmgeschäft hätte ich so einfühlsame Sätze am wenigsten erhofft: „Liebe Silvia, wenn eine Arbeit wie diese zu Ende geht, mischt sich die Erleichterung, eine große Aufgabe bewältigt zu haben, mit ein bißchen Wehmut vor der Sorge, daß etwas sehr Aufregendes ein einmaliges Erlebnis bleiben könnte. Genieße die Erleichterung, überwinde die Wehmut im Glauben an Dein Talent, und nimm mit diesem Erinnerungsgeschenk meinen Dank und unser aller Bewunderung und Respekt vor der Kraft und der Persönlichkeit, die Du in diese Anna gesteckt hast, entgegen. Dein Bernd Burgemeister."

Das Geheimnis des Erfolges

Am nächsten Morgen drehen wir noch die Szene mit den Zahnschmerzen auf der Straße, an der Seine. Ich im schwarzen Schwanen-Tutu, volles Make-up. Endgültig zum letztenmal sagt der Regisseur: „Danke, das war's." Das Team verabschiedet sich. Tränenreich. Wieder bekomme ich Geschenke. Kann es gar nicht fassen. War doch gestern abend alles schon so toll. Da stehe ich im Kostüm auf dem Trottoir, Autos und Leute drum herum, die Schminke verläuft,

weil mir die Tränen über die Wangen rinnen. Sagen kann ich nichts mehr. Jedesmal, wenn mich einer zum Abschied umarmt, schluchze ich von neuem. Die schöne Zeit – zu Ende.
Die Requisiteurin drückt mir die rosa Schleife in die Hand, die im Film mein Glücksbringer war, dazu Kolophonium in Rohform. Wie Steine aus Wachs, in verschiedenen Farben. Das kannte ich bisher nur als Pulver. Im Ballettsaal reibt man sich damit die Schuhsohlen ein, um nicht auszurutschen. Die Maskenbildnerin hat mir die Filmurkunde, die Anna nach dem Tanzwettbewerb in Paris erhält, mit einer Palette, Pinsel, Puderquaste, Rouge und Lippenstift dekoriert. Mit einem Koffer voller Geschenke fahre ich nach München zurück, im Herzen all die Zuneigung, die aus ihnen spricht.

Letzter Drehtag in Paris.
Film abgedreht: Frank Strecker und ich freuen uns.

Ich glaube, daß an diesen Geschenken auch das Geheimnis des Fernseherfolges abzulesen ist: Alle waren mit so viel Liebe und Hingabe bei der Arbeit, daß der Funke auf die Zuschauer überspringen konnte. Diese vertrauten der Geschichte, weil sie mit ehrlicher Verantwortung erzählt wurde.
Wenn das Team anders gewesen wäre, hätte man auch aus mir nicht so viel rausholen können. Mit Menschen, die mir aus irgendeinem Grund unsympathisch sind, komme ich einfach nicht zu Rande. Bei Leuten, die nur vorspiegeln, etwas zu sein, die nicht sie selber sind – da bin ich nicht gelöst und spontan. Ich ziehe mich in mein Schneckenhaus zurück – wie damals in

der Schulzeit, als mich mein Vater scherzhaft „Schneckele" gerufen hat. Im Ballett, in der Schule, überall trifft man Lehrer oder Ausbilder, die einem nicht geradeaus ins Gesicht sagen: „Du bist heute gottserbärmlich schlecht." Nein, sie ziehen eine süßlich-saure Miene: „Heute, das war ja nicht so das Wahre, gell ..." Im gleichen Moment gehe ich zu wie eine Auster. Werde ängstlich. Ein hartes Wort kann ich vertragen, aber keine verlogenen Reden.
Das Team – das war wie eine große Familie. Sagen zwar viele von ihrer Gruppe, aber bei uns stimmte es. Gerade wenn so etwas auffällig betont wird, läuft hinter den Kulissen oft das Gegenteil ab. Denn wenn man miteinander harmoniert, braucht man's nicht rauszuposaunen, man empfindet's und handelt danach. Wenn sich ein Mädchen wie ich, schüchtern im Umgang mit Leuten, so verändert hat und selbstbewußter geworden ist – will das doch was heißen. Oder?

Vorsicht: das Ende!

Wenn ich bei den Dreharbeiten schwärmte, wie schön alles sei, wurde ich immer gewarnt: „Paß auf, daß du in kein Loch fällst, wenn alles vorbei ist." Ich hörte auf diese Warnungen, weil ich mich kannte: War ein Urlaub vorbei, wurde ich todtraurig. Leute, die wir kennengelernt hatten, sahen wir nicht mehr. Die Stille zu Hause wirkte erdrückend. So ahnte ich schon vor Filmende: Mir wird's schlechtgehen hinterher. Ich nahm mir vor, auf mich zu achten.
Sonntag. Wieder in München. Koffer ins Zimmer gestellt. Ich setze mich drauf und weiß, morgen früh holt mich niemand mehr ab. Das ist herb. Da ist es also: das Loch. Gut, daß ich gleich am nächsten Tag Besuch bekomme, sonst würde ich wirklich in eine depressive Phase rutschen. Und ich freue mich auf das, was als nächstes kommt: Wieder Training. Die Serie im Fernsehen. Einladungen zu Fernsehsendungen.
Weil viele vom Team in München wohnen, kann sich auch das dumpfe Gefühl nicht breitmachen: Die sind weg für immer. „Wenn du Probleme hast, ruf an, komm vorbei", haben sie mir angeboten. Diese Gewißheit, daß sie erreichbar sind, ist sehr hilfreich für mich.
Ich nehme mir fest vor: Solange ich was mache, will ich es genießen. Gerade in diesem Job kann so schnell alles vorbei sein. Geht man morgens in die Bank arbeiten, bleibt meist ein Tag wie der andere. In Künstlerberufen geht's auf und ab. Aber wenn man immer daran denken würde, könnte man sich nicht mehr auf seine Arbeit konzentrieren.

Gold für Anna

Kurios: Ich habe für „My Love is a Tango" eine Goldene Schallplatte bekommen – und keinen Ton gesungen. Der Sänger ist Guillermo Marchena. Selbstverständlich ging eine Goldene auch an ihn. Aber die Plattenfirma bedachte mich mit der gleichen Auszeichnung, weil sie sah: Das Video hat das Lied mit verkauft. Dieser Tango ist eine Tanzszene, die aus dem Film ausgekoppelt worden war. Wir haben nicht extra ein Video gedreht. Wahnsinn – 'ne Goldene Platte. Alles, was mit der Fernsehserie zusammenhing, endete im Superlativ.
Die Goldene Kamera bekamen Patrick Bach und ich als Nachwuchsschauspieler. Deshalb waren unsere beiden Preise auch kleinere Ausgaben. Mein Junior-Goldsymbol gefällt mir aber viel besser als die übliche „große" Auszeichnung. Paßt zu meiner Vorliebe für Miniaturmaße.
Wenn ich früher im Fernsehen diese Preisverleihungen anschaute, dachte ich, muß toll sein, wenn man was geleistet hat und solche Auszeichnungen dafür bekommt. Und ich wunderte mich, wie alle immer so genau wußten, wem sie zu danken hatten in diesen Minuten.
Dann stand ich selbst auf der Bühne. Einen Glücksbringer hatte ich mir mitgenommen: eine kleine rosa Schnecke. Sie verhalf mir zu einer persönlichen Einleitung meiner Dankesworte: „In der Schule hat sie mir nicht viel genützt, aber seit ein paar Monaten hat sie mir das Glück nur

Der Tango aus der „Anna"-Serie. Für ihn bekomme ich sogar eine Goldene Schallplatte.

so gepachtet." Dann habe ich die Leute aufgezählt, „ohne die ich nicht hier oben stehen würde". Ob sich da wohl auch in irgendeinem Wohnzimmer ein Mädchen gewundert hat, daß ich die Namen in diesem Moment alle parat hatte? Es klappte in der Tat vorzüglich. Aber aufgeregt war ich schon ziemlich. Zugleich hat es Spaß gemacht. Es war so eine Art „schöne" Nervosität.

Die rosa Schnecke habe ich an die Kamera gebunden. Und beide fast den ganzen Abend mit mir herumgetragen. In meinem Zimmer hat die Goldene Kamera einen Ehrenplatz eingenommen. Ehrensache.

Autogrammstunden

Als Statistenkind hatte ich mein Autogrammbuch. Ich bin in den Sängergarderoben auf Unterschriftenfang gegangen. Später auch bei „Soko". Nur wenn ich auch selbst mitmachte, holte ich mir Autogramme. Sonst nicht. Aber ich hatte ja jede Menge Gelegenheit dazu.

Und nun strömen Tausende zu mir. Ich mag Autogrammstunden. Halbe Nachmittage hindurch habe ich schon meinen Namen geschrieben. Auch wenn ich nur für eine Stunde engagiert war.

„Wird dir nicht der Arm lahm?" werd' ich gefragt. Manchmal schon. Aber ich denke mir: Die stellen sich für dich an. Wenn einer ganz hinten

in der Schlange ausharrt und endlich an der Reihe wäre, kann ich doch nicht den Kugelschreiber einpacken – nur weil meine Zeit um ist.
Ein einziges Mal sind Autogrammsammler bei mir leer ausgegangen. In Bayreuth war das. Da hatten sich nämlich so viele in und vor dem Buchladen auf dem Marktplatz versammelt, daß man die Menge auflösen mußte. Ein Mädchen war schon vor Platzangst umgekippt. Ich stand mit einem Megaphon bewaffnet – wie ein Filmregisseur am Drehort – in einem Fenster im ersten Stockwerk und verabschiedete mich, wohl oder übel unverrichteter Dinge, von meinen Fans.
Die Autogrammstunde fiel flach.
Zum Trost wurde mir dann eine Privatführung durch das wunderschöne barocke Markgräfliche Opernhaus spendiert. So konnte ich wenigstens einmal auf jener Bühne stehen, auf der ich in der Fernsehserie „getanzt" hatte. Das heißt

Früher wollte ich nur tanzen – kein Publikum, weder Kritik noch Erfolg. Jetzt schreibe ich Tausende von Autogrammen, sammle Kartons voller Fanpost.

indirekt: Die Vierergruppe der weißen Schwänchen war hier gefilmt worden. Ohne mich allerdings.
Und so schließen sich die Kreise: Meine „Tagebuch"-Journalistin lebt in dieser Stadt. Und hier entsteht die Endfassung meines Buches.
In dieser Zeit zwischen den beiden „Anna"-Filmen habe ich den Rummel um meine Person ein wenig satt. Will ich eigentlich zum Training, geht's nicht, weil ich zur nächsten Fernsehsendung jetten muß. Komme mir irgendwie betrogen vor. Die anderen Tanzeleven trainieren auf der Ballettschule, nur ich sitz' rum in Hotels, in Fernsehstudios. Warten. Fragen zum hundertsten Mal beantworten. Da bin ich dann auch in der Stimmung, in der mich Fragen nach meinem Privatleben besonders nerven.

BRIEFE VON WILDFREMDEN

Montag, 20. Juni

Daß mir so viele Menschen schreiben würden, in allen Altersstufen, das hätte ich nie für möglich gehalten. Schon während der Drehzeit, nach kleinen Zeitungsartikeln, flatterten die ersten Briefe ins Haus. Wildfremde Leute schikken mir nette Post. Vor lauter Freude habe ich mit richtigen Briefen, nicht nur mit Autogrammkarten geantwortet. Bis immer mehr Briefe eintrudelten, manchmal sechzig am Tag. Da mußte ich mein Schreiben reduzieren. Auf viele Fragen zu antworten war unmöglich geworden. Oder gar Wünsche nach ausgetanzten Schuhen zu erfüllen.

Schön finde ich, wenn die Briefschreiber von sich erzählen, was sie für Hobbys haben, was sie denken.

„Ich treibe gerne viel Sport – aber da sollte man nicht drüber reden, sondern es tun", erklärt ein junger Mann aus Bochum. Stimmt. An vielen Sportarten habe ich auch Interesse. Allerdings weniger am populären König Fußball. Und schon gar nicht, wenn ich die Schlägereien der Vereinsfanatiker im Fernsehen mitbekomme. „Weil wir uns halt nicht kennen, habe ich dir eine Menge zu erzählen", stellt ein anderer fest. Und sieht gleichzeitig ein, daß ich das umge-

kehrt nicht kann. Ein Mädchen berichtet, wie es in einer Waldorfschule zugeht. Ein Achtjähriger verspricht mir, mich später zu heiraten. In einem anderen Brief lese ich die Frage: „Ist das Liebe, wenn sich ein Berliner einen Stadtplan von München kauft, um die Straße zu suchen, in der Silvia Seidel wohnt?"

Leider kommt viel Einsamkeit zum Vorschein: Eltern haben keine Zeit für ihre Kinder. Die Lieblosigkeit, die daraus spricht!

Viele Mädchen meinen, sie müßten unbedingt heiraten, um „im Alter nicht so alleine zu sein". Ja, du liebe Zeit, deshalb muß man doch nicht gleich heiraten – man kann doch Freunde haben. Aber sie zu finden fällt oft schwer.

Mir schildern die Menschen in ihren Briefen ihre Kümmernisse. Ist für mich ein gutes Zeichen. Sie haben Zutrauen. Immer wieder lese ich von überstandenen Krankheiten oder Behinderungen, mit denen die Betroffenen leben müssen. Daß die Leute sich so vertrauensvoll an mich wenden, beweist mir, daß ich für sie eine Ausstrahlung habe „wie das Mädchen von nebenan". Gerade weil ich selbst so schüchtern war, möchte ich nicht, daß sich der Spieß jetzt umdreht und andere vor mir Scheu haben. Ich weiß selbst, wie unnahbar manche wirken. Eine Freundin habe ich gefragt, ob ich mich verändert hätte. „Nein. Du bist nicht hochnäsiger geworden. Nur offener." Es macht mich froh, wenn ich so was höre.

Selten nervt mich der Rummel um meine Person. Nur manchmal, wenn mich Kinder anstarren in der Stadt und kichern, weiß ich nicht, wie ich ganz normal bleiben, wie ich mich verhalten soll. Oder dieses „Anna, Anna", das sie mir nachrufen ... Ich bin immer noch Silvia Seidel! Früher hielt ich Stars, die sich aus der Öffentlichkeit völlig zurückzogen, für überspannt und arrogant. Inzwischen kann ich für sie Toleranz aufbringen. Jemand wie Michael Jackson hat ja keine Möglichkeit mehr, irgend etwas privat zu unternehmen. Jetzt, wo ich im kleinsten Rahmen solche Popularität zu spüren bekomme, kann ich nachvollziehen, daß es einen Punkt gibt, an dem man ausrastet, nichts mehr wissen will von Fans und Journalisten. So ist es bei mir jedoch längst nicht. Ich freue mich über alles Interesse. Aber verstehen kann ich dieses Blokken.

Gleichzeitig bin ich froh, daß ich keinen Anlaß gebe, mich zu imitieren. Beispielsweise laufen in Amerika scharenweise Mädchen wie Madonna rum. Damit erdrücken sie ja das, was an eigener Persönlichkeit vorhanden ist, vollends. Ich bin der Ansicht: Jeder, aber auch wirklich jeder hat etwas vorzuweisen, das gerade ihn auszeichnet und von anderen unterscheidet. Und jeder sollte sein Leben so gestalten, daß er sich darin wohl fühlt. Das beginnt nicht erst mit dem Beruf. Man muß herausfinden, was man eigentlich möchte, zu was man begabt ist. Und dann sollte man das, was man unternimmt, mit Engagement tun.

Nur wenige Arbeitsplätze sind wirklich so, daß man nicht die Spur von Gefallen daran finden könnte. Wenn zum Beispiel eine Verkäuferin Lust zu ihrem Job hat, wird sie die Kunden zuvorkommend bedienen und beraten. Dann sind die Leute nett und machen ihr auch mal ein Kompliment. Sie freut sich, und zum nächsten ist sie vielleicht noch freundlicher. Und so ist das ein Kreislauf, den man oft selbst bestimmen kann. An vielen Arbeitsplätzen. Denke ich zumindest.

Individualität kommt in den Briefen zum Ausdruck. Keiner gleicht dem anderen. Jeder hat seinen Stil. Ein neunzehnjähriger Musiker hat mir nächtelang so was wie einen Fortsetzungsbrief geschrieben. Eigenwillig, unverwechselbar, seine Schrift, seine Sprache, seine Erzählweise. Sie haben mir Riesenspaß gemacht, die zwölf Briefseiten. Dann ein Dreijähriger, dessen Mutter den Brief formuliert hat. Er wollte unbedingt von mir wissen, warum Anna auf den Lastwagen geklettert ist, wo das doch so gefährlich sei. Also für ihn mußte ich mich wirklich zu einem Brief entschließen.

„Wie alle anderen zu sein", halten viele „für doof". Was nicht heißt, daß man nicht ruhig

Bin ich gut drauf, färbt das auf meine Umgebung ab. Gute-Laune-Training lohnt sich.

das gleiche tun kann: Wie man es tut, darauf kommt's an. Ein Beispiel. Da geht nach „Anna“ ein Mädchen zum Ballettunterricht, merkt, daß sie fürs Tanzen eigentlich nicht begabt ist. Sie läßt sich eine Ballettstange in ihrem Zimmer anbringen, richtig mit Spiegel dahinter. Aber sie schaut lieber nicht rein. „Wenn ich mich sehe, vergeht mir die Lust.“ Trotzdem möchte sie weitermachen. „Wenn ich mich bewege, fühle ich mich einfach besser.“ Wie recht sie hat. Als Tänzer kommt man sich über kurz oder lang faul und fett vor, wenn man nicht trainiert. Man wird geradezu süchtig, sich einmal am Tag total auszuschwitzen. Ballett ist toll für den ganzen Körper – auch wenn man kein Profi wird. Und deshalb gefällt mir so sehr, daß „Anna“ vielen Spaß am Tanzen verschafft hat.

Wiederholt wird alle paar Dutzend Briefe die Frage: Wie ist das, wenn man sich auf einer Zeitschrift als Covergirl sieht? Komisch. Zumindest, bis man sich daran gewöhnt hat. Man macht einen Film, weiß, daß man bestimmt in die Zeitung kommt. Nach den ersten Interviews ist man ganz wild darauf, die Resultate in die Hand zu kriegen. Und ich selbst habe mit Spannung darauf gewartet, wie das auf mich wirken wird. Auch jetzt noch wurmt mich so manches Foto, auf dem ich mich nicht mag. Nicht unbedingt, weil ich häßlich getroffen bin, sondern weil ich mich selbst nicht so sehe.
Letzthin hatte ich eine extreme Begegnung mit mir. Jeden Morgen auf dem Weg zum Training, wenn ich aus der U-Bahn die Treppe hochgehe, komme ich an einem Kiosk vorbei, an dem Zeit-

schriften aushängen. Genau ins Gesicht hab' ich mir geguckt! Da stand Silvia vor Silvia. Das gleiche, was ich früher über prominente Köpfe dachte, überlegen sich jetzt die Leute, wenn sie mich sehen: Das ist eine hübsche Lippenstiftfarbe. Wo's wohl solche Ohrringe gibt?

Abends, wenn ich im Bett liege, an die Zimmerdecke schaue, und der Tag an mir vorbeiläuft, ist es für mich selbst unfaßbar, was sich in so kurzer Zeit alles ereignet hat. Sich selber immer wieder auf Zeitungsseiten zu sehen – was man dabei empfindet, kann man eigentlich gar nicht beschreiben.

Ab und zu erreichen mich auch kritische Bemerkungen. Für mich ist das kein bißchen fies. Ein Mädchen entdeckte einen Tanzfehler. Einer anderen mißfiel meine Zimmerdekoration. Einem älteren Herrn redete ich bei einer Telefonaktion zu schnell. Was aus allen Bemerkungen herauszulesen ist: Aufmerksamkeit, nicht nur undifferenzierte Bewunderung.

Richtig fetzige Komplimente werden auch losgelassen: „Anna ist Superbombenspitze." Katja aus Hagen schreibt eine „Anna"-Fortsetzung für „riesensuperaffengeile Fans". Katrin aus Oberbayern bezeichnet mich als „echt galaktisch". Die schönste Bestätigung für Anna, für diese Filmgeschichte, aber auch für mich, erreichte mich mit dem Brief eines 24jährigen Schwaben: „Du hast mich in dem Mut bestärkt, daß man nie aufhören soll, an sich und seine Wünsche zu glauben."

Ich mag Wiesen. Und Ohrringe. Auf dem Umschlagfoto zum Buch „Anna Ballerina" trage ich welche von meiner Mutter.

WIE KOMM' ICH INS „MAXIM"?

Donnerstag, 23. Juni

Was hast du von deiner ersten großen Gage gekauft? Das fragen mich immer wieder Journalisten, Fans. Nicht soviel, Kleinigkeiten, Cocktails in der Disco, ein paar Klamotten, Modeschmuck. Ich war essen, Kaffee trinken, im Kino. Ich gebe mein Honorar aus so wie früher mein Taschengeld. Einen schicken Mantel habe ich noch gekauft. Beinahe hätte ich's seinlassen. Hatte ich doch glatt Gewissensbisse: Das Stück ist sündhaft teuer. Aber ich verteidigte mich vor mir selber: Hast du doch verdient. Mußt ja nicht alles sparen.

Geld ist für mich nichts zum Aufheben, sondern zum Ausgeben, fürs Vergnügen. Allerdings weiß ich, wann Schluß ist. Mag sein, daß es ein bißchen problematisch für mich wäre, wenn ich jetzt meine Honorare allein verwalten müßte, weil ich in Bankangelegenheiten keinen Durchblick habe. Aber der Papa hilft mir da schon. Bisher hatte ich ja nur Taschengeldsummen von den kleinen Rollen in den Händen.

Natürlich lege ich was zurück. Vielleicht für ein Auto? Irgendein Cabrio? Dann muß ich den Papa nicht mehr morgens um vier anrufen, ob er mich aus der Disco abholt. Wenn ich niemanden habe, der mich heimbringen kann, tut er das für mich. Und wenn's mitten in der Nacht ist. Phantastisch, ich weiß.

Ich habe auch immer Bescheid gesagt, wo ich mich aufhalte. Dafür gab's für mich nie feste Zeiten, wann ich zu Hause sein sollte. Wenn sich Journalisten darüber wundern, antwortet mein Vater immer: „Vergessen Sie nicht, Silvia kommt vom Ballett, sie ist sehr diszipliniert!" – Meistens stimmt das. Bis auf die berühmten Ausnahmen ...

Und dann möchte ich vielleicht in absehbarer Zeit eine eigene Wohnung. Für mich verbindet sich damit jedoch nicht der Gedanke an eine eigene Familie. Kinder könnte ich mir derzeit in meinem Leben nicht vorstellen. Ich mag Kinder sehr gerne. Wenn ich selbst eins hätte, wollte ich für das Kind auch dasein. Nicht eine Kinderfrau engagieren. Aber ich möchte weitermachen wie bisher, leben, tanzen, filmen. Ich wäre zu egoistisch, zu Hause zu bleiben. So läßt sich für mich beides nicht miteinander vereinbaren. Jedenfalls jetzt nicht.

Ich möchte auch nicht aus dem Grund ausziehen, der für viele Jugendliche ausschlaggebend ist: Krach mit den Eltern. Ich verstehe mich mit ihnen so gut. Ich habe ein eigenes Zimmer. Ich kann machen, was ich will. Ich kann jederzeit nach Hause bringen, wen ich will. Ich habe keine Schwierigkeiten. Gut, wir streiten uns schon mal. Aber weil wir keine Probleme haben, machen wir uns Problemchen. Mein einziger Grund für die eigenen vier Wände: Mir ist es hier einfach zu eng. Außerdem stelle ich es mir ganz schön kreativ vor, sich selber eine Wohnung einzurichten. Vor meinen Eltern habe ich keine Geheimnisse, aber das Gefühl „meine Wohnung" ist einfach erwachsener.

Eine Überraschung für die Eltern

Mit meinem ersten großen Honorar wollte ich unbedingt was Verrücktes anstellen. Das überlegte ich mir während der Fernseh-Drehtage auf dem Münchner Land in einem schönen alten Bauernhaus, dem Heim der Familie Pelzer. Eines Abends nach Drehschluß lag ich im Bett

und dachte nach: Mensch, du verdienst jetzt einen ganzen Batzen Geld. Da mußt du dir wirklich was Besonderes einfallen lassen. Halt, ich hab's! Die Idee! Nächste Woche fliegen wir nach Paris, zum Drehen. Da lade ich doch meine Eltern einfach ins Feinste vom Feinen ein, ins Nobelrestaurant „Chez Maxim's". Das ist die Gelegenheit! Die Eltern fahren ja eh mit. Aber sie dürfen nichts davon wissen – bis sie vor dem „Maxim" stehen.

Ich wollte ihnen eine besondere Freude machen, was Extraschönes. Weil ich das Bedürfnis verspürte, mich jetzt mal ein kleines bißchen zu revanchieren für alles, was sie für mich ausgegeben und getan haben. Aber: Wie komm' ich ins „Maxim"?

Am nächsten Morgen drehten wir wieder in dem Pelzer-Haus. Ich weihte Sabine, die Regieassistentin, ein. Wir tüftelten einen Plan aus. Sabine spricht Französisch. Von dem idyllischen Landhaus aus rief sie während einer Drehpause in Paris an und bestellte den Tisch. Dann ließ ich mir Geld abheben und in Francs wechseln. Mein Vater durfte ja nichts merken. Nun war eine größere Klippe zu nehmen: Wie sollte ich die Eltern bewegen, feine Abendgarderobe einzupacken?

„Papa, nimmst du bitte dein Dinnerjacket mit?"

„Wieso?"

„In Paris ist eine Abschiedsfete geplant."

„Ist Abendgarderobe da nicht ein bißchen übertrieben? Ich kenne doch eure Truppe, die laufen alle in Jeans rum."

„Bitte, Papa! Mama, das Abendkleid, nun leg's schon in den Koffer."

Die erste Katastrophe bahnte sich an diesem Abend an. Beinahe wäre die Überraschung schon jetzt geplatzt. Wir trafen uns mit dem Team. Papa sprach mit dem Produzenten über die „Abschiedsfete". Der wußte von nichts.

Strahlend verkündete mein Vater zu Hause: „Siehst du, wenn eine Party steigt, dann wird es nur ganz leger." Und wild entschlossen wollte er die Abendsachen wieder aus dem Koffer nehmen.

Ich war in Panik. „Nein, das soll eine Überraschung für uns werden – die können dir das doch nicht sagen. Pack's wieder ein!"

Paris. Erster Abend. Im „Maxim" war der Tisch reserviert. Sabine wollte mir heimlich ein Taxi rufen.

Ich lief zu meinen Eltern ins Zimmer: „Auf geht's, ihr könnt große Toilette machen. Es wird heute eine elegante Feier geben, soll ich euch von der Produktion ausrichten."

Wieder entspann sich der Kampf um die Klamotten. „Sind das Dinnerjacket und das lange Kleid nicht zu großartig?"

„Nein, bestimmt nicht. Ich kann euch nur raten: Macht euch schick!" Ich zurück in mein Zimmer. Umziehen.

Da klopfte die Mama: „Du, der Papa meint, du wirst doch nicht was vorhaben mit uns, dein Geld für uns ausgeben wollen?"

Sie witterten was! O nein! Ich war fast am Ende mit meinem Latein. Wo ich mir alles so spannend ausgedacht hatte . . . Ich beruhigte die Ma-

ma: „Ich sag' doch, eine Feier vom Team. Ich kann auch nur weitergeben, was man mir erzählt hat."

Endlich: Die Eltern haben sich in Schale geworfen. An der Rezeption hieß es: „Taxi kommt gleich." In diesem Augenblick begegneten uns zwei vom Team, in Arbeitskluft, mit Jeans.

Die Eltern: „Gehen Sie nicht mit?"

Mir rutschte das Herz in die Hose. Doch die beiden schalteten sofort – das ganze Team wußte inzwischen ja Bescheid: „Wir müssen uns nur noch umziehen."

Dem Taxifahrer gab ich einen Zettel mit der Anschrift. Worauf er fragte: „Wohin?" Und er las die Adresse laut ab.

Ich machte dem Fahrer ein Zeichen: „Pst, nicht den Namen." Oh, meine Nerven!

Wir stoppten vorm „Maxim", ein Livrierter riß die Wagentür auf. „Ihr seid heute meine Gäste!" Meine Eltern waren baff. Wir traten ein, schon steuerte der Empfangschef auf uns zu:

Sonntage in Paris: Es muß nicht immer teuer sein, was Freude macht.

„Hier bitte, Fräulein Seidel . . ."

Welch ein Abend! Das Restaurant so schön, im Jugendstil. Die Eltern überwältigt von der Idee. Das Essen exzellent.

Lange dinierten wir im „Maxim", schlemmten Köstliches, kosteten edle Tropfen, ein Schlückchen Champagner. Dann spazierten wir in der lauen Sommernacht zur Place de la Concorde. Was für ein Erlebnis! Einmal im „Maxim" gewesen zu sein . . .

Warum soll man nicht diese Dinge genießen, wenn man gerade das Geld dazu hat? Ich kann auch ganz einfach leben. Ich freu' mich dann an dem, was ich beobachte, was ich erlebe – das muß nichts kosten. Wenn wir im Sommer nicht wegfahren, ich aber in einem Straßencafé sitze, einen Capuccino vor mir, dann erinnere ich mich an Ferienwochen in Italien. Und bin mitten in München der glücklichste Mensch.

KLEIDER MACHEN LEUTE?

Mittwoch, 29. Juni

Sage mir, wie du dich kleidest, und ich sage dir, wer du bist – ganz so einfach wie in dieser Redewendung ist ein Mensch nicht zu durchschauen. Leute nach ihrer Kleidung zu beurteilen – das wäre zu oberflächlich.
Natürlich treffe ich Typen, bei denen ich spontan rumflachse: „Nee, der sieht aber deppert aus." Und meistens sind's die, mit denen ich nachher am allerbesten auskomme. Andere, die ich im ersten Moment gut finde, sind später gar nicht so, wie ich es von ihnen erwartet hätte. Vorurteile hat man viel zu oft. Kleidung ist für mich keine Schranke. Ich bin nicht so, daß ich schon blocke, bloß weil jemand für mein Empfinden häßlich ausstaffiert ist. Ich finde es sogar toll, wenn Leute ihren eigenen Stil vertreten – auch wenn es nicht meiner ist. Und den verteidigen, gleichgültig, ob's den anderen paßt. Wenn man Lust hat, so sein Lebensgefühl auszudrükken – warum nicht? Vielleicht gucke ich auf solche Leute sogar ein bißchen neidisch, weil ich selber noch unfertig bin.
Man sollte wirklich das anziehen, was man gut findet, sich nicht immer Gedanken um das Urteil der anderen machen. Sonst ist man selber nie mit sich zufrieden. Aber ich hab' ja mit fünfzehn, mit sechzehn Jahren erlebt, wie schwer das ist. Man weiß noch nicht, wer und wie man eigentlich ist. Manchmal weiß ich's auch jetzt noch nicht. Doch der Film hat mir weitergeholfen. Da habe ich so viel über mich erfahren. Ich hab' rausbekommen, was mir steht. Poppige Sachen habe ich schon vorher schick gefunden, aber nicht gewagt, sie anzuziehen. Im Film habe ich sie getragen. Kam gut an. Meine Scheu vor flippigen Klamotten konnte ich ablegen.
Man kann vieles, man muß sich bloß trauen. Man darf sich nur nicht fürchten: Da gucken sicher alle komisch. Na und? Laß sie gucken.
Ich bin mit dieser Einstellung um einiges zufriedener, ruhiger geworden. Früher saß ich auf Partys rum, überlegte, ob es anderen gefiel, wie ich geschminkt war, wie ich die Haare hochgesteckt hatte. Heute kenne ich genug Fotos von mir, um zu wissen: Sieht aus. Das macht mich entspannter.
Manche Tage schleicht sich bei mir die Tendenz ein, wieder in diese Unsicherheit zurückzukippen. Dann rede ich mir zu: Nicht einreißen lassen. Du hattest es doch schon geschafft. Du mußt dich auch ohne Film weiterentfalten können.
Kleidung sagt aus, wie frei man sich fühlt und wie ungezwungen man sich anderen gegenüber gibt. Von Bekleidungsvorschriften in vielen Berufen mal abgesehen. Und wenn ich Schulfotos ansehe mit Lehrern drauf ... Für Kinder ist es nicht unbedeutend, wie diese auf sie wirken. Unbewußt sind sie ein Echo auf ihre Lehrer: verkrampft und „zugeknöpft" oder offen und locker. Kleidung kann hier ein Signal sein. Ich kann mit ihr andeuten: Distanz, bitte. Oder: Ich bin bereit, auf dich zuzugehen. Was nicht heißt, daß man nach diesem Schema Menschen sortieren könnte. Es gab für mich Lehrer, die sehr konservativ gekleidet waren, mit Krawatte und so, die ich aber gern mochte.

Schon in der Kindheit sollte man lernen, Gefühl für Kleidung zu entwickeln. Nichts schlimmer als Mütter, die im Geschäft für die Tochter entscheiden: Diesen Rock brauchst du für draußen

und dann noch diesen, wenn wir in Urlaub fahren.
Ich durfte mir schon sehr früh meine Anziehsachen selbst auswählen. Für mich mußten sich damals alle Röcke drehen. Ich stand im Laden, drehte mich, und wenn der Rock schön flog, haben wir ihn gekauft. Oft suchte ich mir sehr feine Sachen aus mit vielen Rüschen. Auch lange Röcke. Viel Rosa.
Damit habe ich mich allerdings selbst in ein Dilemma gebracht: Ich fühlte mich von den anderen abgelehnt und war unglücklich. Aber ich mochte doch schöne Kleider, geflochtene Haare. Warum bin ich so? überlegte ich. Ich plagte mich auf der Suche nach einem Kompromiß mit Fragen, die ich mir nicht beantworten konnte. Nur die Konsequenz kannte ich: So komme ich bei den anderen nicht an. Sie waren in der Schule zwar nett zu mir, aber privat kümmerte sich keiner um mich. Die einzige Lösung: in Jeans und T-Shirt herumzulaufen wie sie auch? Irgend etwas in mir wehrte sich dagegen, daß man nur aufgrund seiner Aufmachung zu einer Clique gehören durfte oder nicht.
In der Volksschule war noch alles in Ordnung. Da hatte ich meine Freunde. Da fiel ich nicht als „anders" auf. Damals hatte ich lange Zöpfe, oft Affenschaukeln, und auch auf dem Gymnasium noch. Dort war ich die einzige, die so auftauchte. Dann habe ich mal in Wien ein weinrotes Samtkleid mit einem klitzekleinen Spitzenkragen bekommen. Zum Verlieben niedlich. Wenn ich damit aber in die Schule ging, haben alle gegrinst. Doch warum solch hübsche Sachen nur sonntags tragen? Meine Mutter hat mich unterstützt: „Wär' ja schade drum, das kannst du ruhig auch alltags tragen."
Ich habe wohl notgedrungen schon früh gelernt, tolerant zu sein. Zumindest kannte ich die Erfahrung, abgelehnt zu werden. Deshalb habe ich immer versucht, nicht nach Äußerlichkeiten zu urteilen.

Ich kannte mal ein Mädchen, altbackenere Sachen, als sie anzog, gab's gar nicht. Voller Komplexe steckte sie. Dabei konnte sie sicher nichts für ihr Unglück. Sie wurde total verquer erzogen, und zudem hatte die Familie wenig Geld. Das Mädchen war wirklich sehr allein. Und wurde dadurch nur noch schwieriger im Umgang. Alle haben sich über das Mädchen lustig gemacht. Daß die nicht merkten, wie sie ihr damit weh taten ... Klar, daß man mal einen Witz reißt, aber man muß auch zu dem anderen hingehen und mit ihm reden.
Es ist schwer, an solche Leute ranzukommen, aber man macht ihnen eine Freude, wenn man sie nicht links liegenläßt. Weil ich's durchgemacht habe, möchte ich nicht, daß andere in der gleichen Ausweglosigkeit steckenbleiben.

Wie ich mich anziehe, so fühle ich mich auch. Kleidung – ist eine Stimmungsfrage. Als ich im Film in diesen Kinderklamotten steckte, kam ich mir sehr jung vor und habe mich auch so verhalten. Wenn ich heute ab und zu etwas ganz Elegantes trage, gebe ich mich ein bißchen überlegener. Bin ich sportlich gekleidet, stellt sich mehr ein burschikoses Gefühl ein.
Wenn ich ausgehe, habe ich nicht irgendwas an. Ich mache mir Gedanken, wie ich mich dort wohl fühlen könnte.
Wie Kleidung wirkt, ist aber auch eine Frage des Körpergefühls, hängt damit zusammen, wie man sich bewegt. Da schadet es nicht, ein paar Jahre ins Ballett zu gehen, ohne gleich einen Beruf daraus machen zu wollen. Man bewegt sich einfach netter. Ich bin sicher, auch die vielen Mädchen, die sich nur wegen ihrer „Anna"-Begeisterung auf einer Ballettschule angemeldet haben, werden eines Tages von diesem Entschluß profitieren: Verstehen, sich zu bewegen, macht selbstbewußter. Macht aus verhuschelten Kellermäusen keine Panther, aber aus mickrigen Pflänzchen vielleicht hübsche Blumen.

Beim Stadtbummel mit einer Freundin: Ob mir der Pulli steht? Wär' das was für meine Ohrringsammlung?

SCHWARZE AUGEN, ROTE LIPPEN

Donnerstag, 30. Juni

Wenn ich mich erinnern soll, wann ich mir das erstemal die Augen schwarz umrandet und die Lippen rot ausgemalt habe, muß ich weit zurückgreifen.
Schminke, Schmuck und schicke Klamotten, alles, was ein bißchen mit „Kunst am Körper" zu tun hat, zog mich schon in seinen Bann, als ich noch nicht in die Schule ging. Einmal habe ich mir zu Hause einen Baum mit vielen Ästen und Blättern über das ganze Gesicht gezeichnet. Auch Mutters Lippenstift und Rouge, die Ohrringe, die Stöckelschuhe, die hatten's mir schon damals angetan.
Wenn Freundinnen mich besuchten oder zu Fasching, lief ich in voller Kriegsbemalung herum: Mandelaugen wollte ich mir wenigstens malen, wenn ich schon keine hatte. Also versuchte ich, mit einem Kajalstift dicke, dunkle, spitz zulaufende Balken um die Augen zu ziehen. Überzeugend gelang mir das zwar nicht, aber unverdrossen wiederholte ich meine Bemühungen. Dann Mutters Schuhe an und die Lippen rot: Klein-Silvi als Diva.
Nur später im Gymnasium, als erste Verabredungen zum Ausgehen getroffen wurden, waren mir die anderen Mädchen um Nasenlängen voraus. Sie kamen schon geschminkt zur Schule. Ich fühlte mich dazu noch zu jung. Und hinkte in Sachen „Outfit" hoffnungslos hinter meinen Schulkameradinnen hinterher. So mit vierzehn startete ich zaghafte Versuche mit Lidschatten. Mal weiß, mal blau, auch ein bißchen Kajal. Gewagt kam ich mir vor. Dann entdeckte ich, wieviel ausdrucksvoller meine Augen mit Wimperntusche wirkten ... Seitdem sind meine Wimpern dunkel, wenn ich das Haus verlasse.
Frauen mit gekonntem Make-up, Bilder von geschminkten Menschen – das faszinierte mich schon als Kind. Ich wünschte mir, irgendwann auch so toll auszusehen. Das Bedürfnis, als häßliches Monster aufzutreten, hatte ich nie. Eher habe ich mich komisch zurechtgemacht. Aber am liebsten: schön und sehr weiblich.
Wie niederschmetternd war deshalb für mich mein erstes Bild in der Zeitung. Vor Drehbeginn wurden Probeaufnahmen gemacht. Ich wurde für alle Filmszenen mal durchgeschminkt: als Dreizehnjährige, ein Jahr später, zwei, drei Jahre weiter, zum Schluß als Siebzehnjährige. Diese Auswahl lag dem Reporter vor, und was suchte er sich aus: mich als kleines Mädchen. War mir das peinlich. Wo ich doch davon geträumt hatte, in einer Zeitung abgebildet zu werden ... Toll wollte ich dort aussehen. Und jetzt das. Siebzehn war ich und mußte mich ganz auf jung getrimmt verkaufen lassen. Entsetzlich!

Schminke als Maske

Beim Thema „Schminken" fällt mir das Buch „Herr der Fliegen" ein. Der Autor William Golding erzählt von Kindern, die völlig auf sich gestellt auf einer Insel leben, ähnlich wie Naturvölker. Als sie sich zu Horden zusammenrotten und gegenseitig bekämpfen, bemalen sie ihre Gesichter, ihre Körper. Sie verhalten sich – ohne daß es ihnen jemand beigebracht hat – wie Krieger, die sich Fratzen schminken, um den Gegner zu verängstigen. Und um hinter dieser Maske ihr eigenes Gesicht verstecken zu können: Niemand sieht, wer ich bin. Das gibt Sicherheit.

Als ich dieses Buch las, wurde mir klar: Das stimmt wirklich. Das ist – auf einer anderen Ebene – meine Empfindung, wenn ich mich schminke: Sicherheit gewinnen. Und das ist keine Einbildung. Das Gefühl, geschützt zu sein hinter seiner „Maske", habe ich an mir selbst erfahren.
Wenn ich großes Make-up aufgelegt bekomme für eine Fernsehsendung, oder wenn ich für den Film perfekt geschminkt werde, finde ich mich hinterher schöner und fühle mich sicherer. Fremden Leuten kann ich dann selbstbewußter ins Gesicht blicken.
Das ist ganz was anderes, als morgens in den Spiegel zu gucken: Silvia, blaß, blond, fad, öde. Ich bin wahnsinnig gerne geschminkt. Und ich lasse mich auch sehr gerne schminken. Ich halte immer ganz still in der Maske – so nennt man die Garderobe, in der im Theater und beim Film die Darsteller von der Maskenbildnerin geschminkt werden. Und wenn ich nachher so schön zurechtgemacht erscheine, ist das eine Superbelohnung. Wenn man natürlich bei Filmarbeiten diese Prozedur jeden Tag über sich ergehen läßt, ist es angenehm, abends die Farbe abzuwaschen. Die Haut spannt doch recht, wenn sie den ganzen Tag unter einer dicken Schicht Schminke atmen muß.
Am Wochenende genieß' ich es dann, bloß zu duschen und gleich wieder aus dem Bad zu gehen, ohne mich anzumalen. Viel mache ich privat eh nicht, nur ein bißchen abdecken manchmal. Ab und zu die Lippen anmalen, einen Strich mit dem Kajalstift. Doch ohne Wimperntusche aus der Wohnung – niemals!
Schminke habe ich mir auch aus einem Urlaub in Marokko mitgebracht, gefunden auf einem bunten orientalischen Markt zwischen Obst, Gemüse und Gewürzen: kleine Steintöpfchen, kunstvoll aufgetürmt. Fährt man mit dem feuchten Finger an ihrer Innenwand entlang, bleibt rote Farbe hängen, und man hat Lippenstift auf marokkanisch. Ein Rot wie aus Tausendundeiner Nacht. Glasfläschchen mit Pulver habe ich auch auf diesem malerischen Markt erstanden. Wenn man Holzstäbchen etwas naß macht, damit ins Pulver tupft, kann man sich mit schwarzer Farbe Augen wie Scheherezade pinseln.

BÜCHER SIND NICHT NUR ZUM KOCHEN DA

Sonntag, 3. Juli

Meine erste „Küchenerfahrung“ habe ich bei den „Soko“-Aufnahmen gemacht. Unfreiwillig. Hat mich aber auch nicht hinter die Geheimnisse der hohen Kochkunst geführt. Ich dachte weiterhin: Kochen ist so kompliziert, das lernst du nie. Wie bei allem zweifelte ich an mir.
„Mama, wie hast du kochen gelernt? Das ist so schwer.“
„Das kommt“, versicherte sie mir, „das kommt. Du wirst es erleben.“
In dieser „Soko“-Szene nun saß ich in der Küche, mit einer Schüssel Kartoffeln vor mir und einem Schäler in der Hand. Ich hatte noch nie Kartoffeln geschält. Und ich kam mit diesem Gerät nicht zurecht. Wer später genau hingesehen hat, muß bemerkt haben, daß von der Kartoffel, die ich in der Hand hielt, kaum Schale abgefallen ist. Mittlerweile kann ich Kartoffeln kochen und schälen. Aber mit einem anderen Kartoffelschäler!
Muttertag war's. Noch gar nicht so lange her. Da sagte ich mir: Frisch gewagt ist halb gewonnen – und machte mich daran, etwas Süßes zu backen. Zitronenomelettes aus Biskuitteig mit Zitronenfüllung. Ich hab' mich selbst gewundert: Sie sahen nicht nur lecker aus, sie schmeckten auch so. Vorher hatte ich mich nie fürs Backen interessiert, seitdem ist meine Leidenschaft dafür erwacht. Ich habe gemerkt, man braucht gar keine Hilfe. Nur das Kochbuch.
Wo ich doch so liebend gern nasche, sollte man annehmen, mein neues Hobby wäre genau das verkehrte für mich. Aber backe ich selber, bin ich gar nicht versessen darauf, den Kuchen auch zu essen. Wenn mir dagegen etwas vor die Nase gestellt wird, fix und fertig, entwickle ich einen Riesenappetit. Wobei ich zugeben muß: Habe ich Teig für Kuchen oder Kekse zubereitet, schlecke ich das, was übrigbleibt, auf. Dann bin ich so „süß“, daß ich mir eine saure Gurke aus dem Glas angle.
Da ich als Tänzerin gezwungen bin, auf meine Figur zu achten, und nicht essen darf, worauf ich gerade Lust habe, will ich wenigstens mal tolle Rezepte ausprobieren. Und sei es auch nur für andere Leckermäuler.
Ans Kochen habe ich mich auch nach diesen Kuchenerfolgen noch nicht getraut. Alle hatten mich aufgefordert: Wenn du backen kannst, kannst du auch kochen. Doch dazu brauchte ich einen zwingenden Anlaß. Auch wenn es ein trauriger war: Meine Mutter lag drei Monate im Krankenhaus. Ich habe damals angefangen, dem Papa jeden Tag ein anderes Gericht zu kochen. Hat alles geschmeckt. So stellte ich fest: Kochen macht genausoviel Spaß wie backen. Obwohl: ein bedrückendes Gefühl, die Mama im Krankenhaus „abzugeben“, in der Küche zu stehen, ihre Arbeit zu machen und zu merken, was eine Mutter alles zu tun hat.
Auch heute koch' ich ab und zu für meine Eltern. Gerichte, die sie mögen. Meine eigenen Eßgewohnheiten haben sich allerdings inzwischen geändert: fast kein Fleisch mehr, viel Körner, Reformhauskost.
Am liebsten werkle ich nachts in der Küche, bis ein oder zwei Uhr morgens. Das ist toll zum Abreagieren, wenn man komplett abschalten möchte. Was völlig anderes tun ist dafür die beste Basis. Und Kuchen backen, das lenkt so schön ab.
Musik muß ich dabei haben, nicht unbedingt Gesellschaft.

Bilderbuch-Freundschaften

Mit viel Spaß und großer Bewunderung habe ich in diesen Sommermonaten „Traumflüge" gelesen, das Buch von Margot Werner, der Tänzerin und Sängerin aus München, die – wieder einer dieser kleinen Zufälle – in „meinem" Stadtteil lebt.
Sie schreibt über vieles, was mich und meine Tanzausbildung betrifft, was mich begeistert, was mir Mut macht. Wenn Margot Werner über sich spricht, denke ich oft: Genau wie du. Und wie humorvoll sie alles beschreibt, mit welcher Selbstironie. Bewundernswert. Wer ist schon so ehrlich mit sich selbst? Auch bei Margot Werner kam erst der Tanz; dann hat sie angefangen zu singen. Bei mir taucht jetzt die Schauspielerei auf, und ich bin ein bißchen hin- und hergerissen: Mach' ich's auch richtig?
Was sie über Ballett sagt, über ihre Empfindungen, ihr Unbehagen dabei – diese ganzen Wahrheiten geben mir etwas. Oder was sie von dem guten Verhältnis zu ihren Eltern erzählt, die immer für sie da waren. Ähnlich wie meine Eltern. Auch sie wohnte noch lange zu Hause.
Sie entwirft ein ausgesprochen positives Lebensbild. Besonders, weil sie aus allem was gemacht hat. Gute Zeiten – schlechte Zeiten, sie hat's durchgestanden.
Ganz am Rande noch eine Parallele. Diesmal zu Bayreuth. Margot Werner, die seit Jahr und Tag zu den Bayreuther Festspielen fährt, traf dort Marieluise Müller und unterhielt sich mit ihr über unsere „Tagebuch"-Arbeit, über mich und meine Zukunft. Die Künstlerin bejaht den Trend, den Ballettfilme wie „Anna" auslösen: „Sie bewegen etwas in der Jugend, motivieren, fördern die Diskussion über Tanz. Jemand, der im Ballett war, hat anderen an Lebenshaltung viel voraus." Für mich hatte sie einen Tip, von dem ich weiß, wie entscheidend er für den Erfolg ist: „Arbeiten, hart arbeiten, sich auf Lor-

beeren nicht ausruhen und trainieren, täglich trainieren."

Leider lese ich sehr wenig. Ich finde, ich müßte mich zu mehr aufraffen. Aber wenn ich Freizeit habe, unternehme ich lieber was. Es ist für mich schwer, dazusitzen und mich zu konzentrieren. Ich gucke zwar gerne in Buchläden, kaufe hin und wieder Bücher – aber bis ich sie anfange, das dauert . . . Wenn ich mich überwinde, dann scheint mir meist der Anfang schwierig. Bin ich drin, kann ich wirklich ausdauernd lesen. Ich habe Phasen, da schmökere ich lange nachts im Bett.

Manchmal bin ich traurig, wenn ein Buch zu Ende ist und ich aus der Geschichte wieder aussteigen muß. Ich wünsche mir, die Figuren existierten und ich könnte sie kennenlernen.

Früher waren es die Internatsgeschichten mit Hanni und Nanni, die ich am liebsten selbst erlebt hätte. Diese Gemeinschaft, die dort beschworen wird – ideal. Geschwister wünschte

Typisch ich. Ich esse gerne Kuchen. Mein Lesehunger aber dürfte ruhig größer sein.

ich mir nie, wenn ich so zurückdenke. Nein. Ich habe zwar einen Halbbruder, aber wir sind nicht zusammen aufgewachsen. Er ist um einiges älter als ich. Bin schon zweifache Tante. Aber geträumt habe ich von Schulklassen, die zusammenhalten, mag kommen, was will. Bilderbuch-Freundschaften habe ich mir gewünscht, bei denen man füreinander durch dick und dünn geht. Ähnlich wie im „Fliegenden Klassenzimmer" von Erich Kästner. Geschichten, in denen sich Kinder gut verstehen, habe ich geradezu verschlungen.

Um Kinder geht es, wie schon erwähnt, auch in Goldings „Herr der Fliegen". Ein Buch, das mich gefesselt hat, das ich jetzt noch weiterempfehle.

Es ist ein hartes Buch, das aufzeigt, was im Menschen schlummert: Gutes und Böses – und jedes kann die Oberhand gewinnen. Golding

sagt, wie die Menschen wirklich sind. Aber nicht in einer großen Moralpredigt, sondern eingepackt in eine versponnene Geschichte. Ich habe lange gebraucht, um zu kapieren, daß das Ganze als Vergleich aufgezogen ist. Der Schluß bleibt rätselhaft: War es Wirklichkeit, war es ein Traum?

Zu welcher Brutalität sogar Kinder fähig sind! Mitgenommen hat mich das. Aber auch fasziniert: So treffend sind Ängste aufgezeichnet, nachts im Wald, vor unheimlichen Geräuschen und Gestalten, vor dem Unberechenbaren.

Das Buch war ein gewaltiger Denkanstoß für mich. So eine Lektüre hilft einem, Leben zu begreifen, Bosheit besser einzuordnen. Zum Beispiel, wenn ich beobachtet habe, auch in der Schule, wie gemein und egoistisch Leute sein konnten ... Die Kinder sind auf einer Insel sich selbst überlassen, sie kennen keine Gesellschaftsnormen. Was in unserem geregelten Leben in Schranken gehalten wird, fällt weg. Die Kinder werden zu wilden Tieren.

Die ideale Freundin, der man alles erzählen kann, finde ich in meiner Schulzeit nur in Büchern.

Aber was sie auf der Insel machen, losgelöst von allen Gesetzen, machen auch wir jeden Tag im kleinen. Losgelassen, bricht der Kampf um Macht aus. Die Schwachen bleiben auf der Strecke.

Dies war die erste Schullektüre, die mich nachhaltig beeindruckt hat und die eben nicht typisch Schullektüre war. Den Deutschlehrer in diesem Jahrgang hatte ich zum zweitenmal. Er erkannte mich gar nicht wieder, so viel habe ich mich plötzlich gemeldet und mitgearbeitet. Wenn einen etwas brennend interessiert, ist man auch fähig, seine Schüchternheit zu vergessen, sich zu engagieren. Zum Schluß meiner Schulzeit war Deutsch sogar mein Lieblingsfach.

Jetzt ist es über dem Tagebuchschreiben auch schon wieder zwei Uhr geworden. Und ich muß noch Koffer packen: Wir starten nach Amerika. Zur Promotion-Tour.

AMERIKAS SCHOKOLADENSEITE

Mittwoch, 20. Juli

Ich sitze im Flugzeug, von Los Angeles zurück nach München. Zwei wundervolle Wochen Amerika liegen hinter mir. Anhand kleiner Zettel will ich meine Erlebnisse noch mal Revue passieren lassen. Unsortiert, wie sie auf meinen Notizblättern auftauchen. Wenn wir große Strecken mit dem Wagen, so einem richtig bequemen Straßenkreuzer, zurücklegten, habe ich Stichpunkte notiert – für mein „Tagebuch".
Und so fing's an: Eine deutsche Illustrierte lädt mich zu einer Promotion-Tour durch Amerika ein: Eine Woche mit Fototerminen und Besuchen bei Hollywood-Stars ist geplant. Meine Eltern begleiten mich. Mit ihnen will ich anschließend eine Woche USA-Ferien machen.
Am ersten Tag, kaum im Hotel in Beverley Hills eingetroffen, ich warte gerade auf den Fahrstuhl, spricht mich eine Dame an: „Sind Sie nicht Anna?" Na, wenn das kein Amerika-Start ist für Anna und mich!
Als Kind war ich schon einmal mit den Eltern in Amerika. Vor allem erinnere ich mich an Disneyland. Die Vorstellung, nicht wieder in dieses Kinderparadies zurückzukehren, machte mir damals das Herz schwer. Ich war mir sicher, diese wahrgewordenen Träume, dieses Märchenland wie aus einem Theater nie mehr in meinem Leben zu sehen. Den schmerzlichen Abschied fühle ich noch heute in der Seele.
Und dann sehe ich Disneyland ein zweites Mal. Mit anderen Augen. Die Wiedersehensfreude mit diesen zauberhaften Szenen, der Musik, all den niedlichen Puppen, Figuren, Pavillons, den künstlichen Landschaften, den Robotern, gibt mir über den Spaß am schönen Augenblick hinaus etwas, was mich Leben in seiner Vergänglichkeit besser verkraften läßt: Man muß nicht traurig sein, wenn Schönes vorbeigeht. Es ist nicht endgültig. Und wenn man's wie ich ein zweites Mal erleben darf, trägt man's als Bild in sich, das einem gehört, das einem niemand mehr stehlen kann.

Stars und Spaß

Die „Arbeit" beginnt.
Ein Foto mit Don Johnson aus der TV-Serie „Miami Vice" ist vorgesehen. Allerdings konnten wir mit ihm keinen Termin vereinbaren. Er

Als Kind verlier' ich mein Herz an Disneyland.

Foto: Seidel

Foto: Volker Corell

dreht gerade einen neuen Film, und als ich auf dem streng bewachten Gelände vor seinem Wohnwagen stehe – da weiß ich schlagartig, wie das ist: Warten auf einen Star, den man toll findet. Eine völlig ungewohnte Situation für mich. Mein Herz pocht bis zum Halse. Die Tür geht auf: Don Johnson. Er schreibt mir tatsächlich einen Autogrammzettel. Ich erzähle ihm noch, daß ich in Deutschland filme.

„Good luck."

„Bye, bye." Ich bin erleichtert: Er war nicht die Spur abweisend. Meine Aufregung hat sich gelohnt.

Bei den anderen Hollywood-Stars sind wir angemeldet. Man erwartet uns. Locker und fröhlich wird geplaudert. Am ausgiebigsten mit Ken Kercheval, dem Cliff Barnes in „Dallas". Er gibt mir sogar gute Ratschläge für die Schauspielerei. Interessiert sich für alles, was mich betrifft. Er ist riesig sympathisch.

Shari Belafonte, die kaffeebraune Schönheit aus der Serie „Hotel" macht mir bei unserem Besuch Komplimente über meine Haut. „Einmalig, wie Porzellan."

„Danke, Shari."

Bei Dudley Moore haben wir einen Gartenempfang. Ich lerne seinen „Doppelgänger", eine Wachsfigur, kennen. Wir sprechen über Komik. Situationskomik im Alltag – da kann ich mich köstlich amüsieren. Aber Clowns im Zirkus, die finde ich meist gar nicht zum Lachen.

Viel Spaß habe ich in den „Universal"-Studios. Sich mit King Kong ablichten zu lassen ist der Hit in Hollywood. Dazu ziehe ich am nächsten Tag ein Tutu an. Das Foto sieht wirklich aus wie aus einem alten Film. Meine selbstgedrehten Locken halten noch Stunden nach dem Fototermin, länger als die, die mir Starcoiffeur José Eber zaubert. Seine sind natürlich viel schöner. Mein Termin bei diesem Haarkünstler, dem Friseur von Liz Taylor, kommt mir vor wie eine Filmszene: Wir warten in dem Salon. Ein nobler Schuppen! Was da für elegante Kunden an uns vorbeirauschen. Und wir, die Mama und ich, so

Foto: Volker Corell

Shari Belafonte schenkt mir ihre Sonnenbrille, in einem irren Knallorange. King Kong besuche ich im Tutu.

klein und mickrig. Aber dann: der Auftritt des Meisters persönlich. Und wohin schwebt er, tausend Komplimente in alle Richtungen verteilend? Zu uns! Die Gesichter rundum ... Filmreif! Mein Kopf also unter berühmten Händen. Und meine Fußspitzen am nächsten Tag auf prominentem Boden: Ich trainiere in der Duprée-Tanzakademie, in der sich auch Shirley MacLaine ihre Grazie ertanzte.

Fata Morgana

Auf dieser Reise bekomme ich erstmals eine Ahnung, wie trügerisch eine Fata Morgana sein kann. Als wir durch die Wüste steuern, breitet sich vor uns plötzlich eine Wasserfläche aus. Zwei Boote darauf. Im nächsten Moment: Der See zerrinnt zu Sand. Ich drehe mich um: Nur noch zwei Stangen stehen da. Das waren die Boote! Ich glaube, ich begreife nie, wie eine Luftspiegelung solch eine perfekte Illusion hervorrufen kann. Ganze Städte sind manchen Leuten erschienen!

Einmal legen wir Rast an einer Straße ein, auf der Laster und Tankwagen vorbeidonnern. Und im gleichen Moment rattern zwei Züge, in Gegenrichtung, rechts und links von der Straße heran. Das ist ein Krach und Staub, das weht und hört nicht auf. Die „Trucks" auf der Straße und auf den Schienen die endlosen Züge – gewaltig, groß und dreckig. Und dazwischen steh' ich und hab' ein Gefühl von verwegener Freiheit im Bauch. Ich schau' den Zügen nach – dann hol' ich mir ein Milk-Shake. Ist das Leben herrlich!

Auf nach Las Vegas! Unterwegs besuchen wir auch eine Westernstadt. Heiß ist's. Im Auto sorgt die Klimaanlage für erträgliche Temperaturen. Aber als wir aussteigen, habe ich das Gefühl, die Luft steht. Unerträglich, diese Backofenglut. Die Westernstadt liegt auf einem Hügel. Über viele Stufen erreicht man sie. Toten-

Fotos: Seidel

stille überall. Nicht mal Vogelstimmen. Keine Touristen. Mir tun die Verkäufer in den kleinen Andenkenläden leid, die hier so abgeschieden von der Welt ausharren.
Treppensteigen – und die Sonne brennt unbarmherzig. Die Mama ist kalkweiß. Sie hält Hitze schlecht aus. Ich drehe mit ihr um. Ich habe Angst um sie. So richtig Angst. Sie erholt sich dann, Gott sei Dank, wieder auf der Fahrt.
Las Vegas. Im Hotel. Eine Stadt für sich. Mit Tausenden von Zimmern, Rolltreppen, Boutiquen. Es wimmelt von Menschen. Wie im Warenhaus. Dazwischen wir, verschwitzt und matt von der Fahrt durch die Hitze. Eine Begegnung in der Hotelhalle muntert mich auf.
Zwei kleine Jungen – aus Bern, wie sich herausstellt – fragen mich in kernigem Schwyzerdütsch: „Bisch du nit die Silvia?"
„Ja, woran habt ihr mich denn erkannt?"
„Du siehsch halt so aus wie die Silvia. Gschriebe habe mir dir au scho."

So geht's überall. In Disneyland: „Das isse! Das isse!" An einer Eisbude: „Bin ich stolz, daß ich dich hier erkannt habe." Ich staune. Ein halbes Jahr ist es schon her, daß „Anna" im Fernsehen gesendet wurde. Die Leute können bei ihrem Urlaub in Amerika auch nicht damit rechnen, mich zu treffen. Und schließlich sehe ich privat anders aus als in meinen Filmklamotten. Anscheinend ist von der Figur Anna viel rübergekommen. Mir wird's ganz warm vor Glück.
Abends in Las Vegas. Eine Stadt wie eine Show. Ein einziges Lichtermeer. Wir streifen durch die Hotels und ihre Spielsäle. Unten gibt's „einarmige Banditen" und andere Geldautomaten, Roulette, Bakkarat, Black Jack. Oben die Gästezimmer. Das Ganze ist eine unbeschreibliche Inszenierung. Phantastische Dekorationen, Musik. Ich fühle mich ein bißchen unwirklich. Schon wieder wie im Film. Aber eine Nacht reicht. Außerdem sind meine Füße wund gelaufen: Wollte doch schick die „Spiel-

hölle“ durchschreiten und habe meine höchsten Schuhe angezogen.
Beim Frühstück noch mal das Bild vom „Kitsch-as-kitsch-can“: Souvenirverkäufer schlängeln sich zwischen den Tischen durch und bieten blinkenden Kitsch an. „Money makes the world go round ...“ Las Vegas ist wie ein Schwamm, der Geld aufsaugt.

Im Windmühlenwald

Wir brechen auf nach San Francisco. Die Wüste geht langsam in einen Naturpark über. Bevor die Vegetation wieder einsetzt, taucht vor uns eine seltsame Landschaft auf, mit einem Wald aus lauter Windmühlen. Erinnern mich an Don Quichotte. Windräder zur Energieversorgung sind's. Weiße Masten mit Kreisen, Rädern, Kreuzen, Flügeln. Die Hügel stehen voll davon. Zu Hunderten ragen sie zart und schmal in die Gegend, drehen sich im Gleichtakt. Ständig in Bewegung ist der Stangenwald. Fremd und unglaublich schön.
Und weiter. Quer durch den Naturschutzpark. Das Benzin geht zu Ende. Beklommene Stimmung. Weit und breit keine Häuser. Nur Wald, Wald, Wald. Keine Tankstelle. Die Gegend – wie ausgestorben. Sogar mein Vater, den so schnell nichts aus der Fassung bringt, gesteht: „Jetzt wird's mir aber mulmig.“
Mit dem letzten Tropfen Sprit schaffen wir's dann doch. Bis zu einem kleinen Hotel. Die ängstliche Spannung von vorhin weicht einer albernen Gelöstheit. Ich find's eh immer lustig: Wir mit allen unseren Koffern, wie auf Weltreise. Und diesmal besonders: eine Tasche über der Schulter, zweite Tasche, Koffer rechts, Koffer links. Bis zum Lift stelle ich meine Ladung zehnmal ab. Ich muß immer wieder eine Lachpause einlegen.
Und dann San Francisco: Wir fahren über diese Riesenbrücke, die Golden Gate Bridge, Autos, Wasser, mittendrin Land, Hochhäuser. So könnte die Fata Morgana einer Stadt wirken. Ich kriege eine Gänsehaut. Nicht wegen der Vorstellung, „Frisco“ könnte in ein Nichts zerfließen. Es ist nur viel kühler, als wir dachten. So bergig habe ich die Stadt auch nicht erwartet. Die Autos parken beängstigend schräg an den Straßen. Ich fürchte, gleich rutscht das erste runter, und alle anderen purzeln hinterher.
Von einigen Wohnvierteln bin ich begeistert. Ganz individuell wird hier gebaut. Jeder hat seinen Stil. Wie kleine Märchenschlösser sind die

Schnappschüsse aus Amerika: Straßenfest mit Pferden, Wolkenkratzer und Papa, Foto in den Universal Studios. Und: Meine Hände passen genau in die Handabdrücke von Judy Garland auf dem Hollywood Boulevard.

Fotos: Seidel

Stadtvillen, versponnen und verspielt. Erker, Gitter, Treppchen führen zur nächsten Wohnung.
Der letzte Tag noch mal in Los Angeles. Einkaufszentren, ganz exklusive, stehen auf unserem Programm. Relaxen. Ein bißchen schwimmen im Pool.
Heimflug.

Mein Traumflug

Schon seit Stunden sind wir in der Luft. Ich schau' durchs Fenster in die Wolken. Was scheint mir eigentlich besonders typisch für Amerika? Ich überlege: Alles dort ist groß und weit und weit voneinander entfernt. Ich guck' mir die paar Fotos an, die ich schon mitnehmen durfte von der Amerika-Tour.
Mein „Traumflug" ist dabei: eine Aufnahme von einem Spagatsprung, entstanden am Strand von Los Angeles. Ich bin barfuß, ganz in Rosa, im Sand, am Meer, vor der untergehenden Sonne. Wie ich da lache, so glücklich und voller Energie, fühlte ich mich auch. Es ist eins der schönsten Fotos, die ich von mir kenne. Am liebsten wäre ich dort stundenlang am Meer entlangspaziert. In dieser herrlichen Sonne. Aber für Anna muß ich blaß bleiben. Venice, der Strand von L.A., ist für mich das höchste: Musik, Raptänzer, quirliges Leben. Muscheln habe ich natürlich auch gesammelt. Sogar welche mit Perlmutt. Und auf einigen sind geriffelte Ablagerungen. Wie bizarre Mini-Architekturen. Die Amerikafotos von mir sind Spiegelbilder meiner „Unterwegs"-Laune. Fotos sind ja nicht gleich Fotos. Ich find's spannend: Sieht mich der Fotograf, wie ich mich empfinde? Was erfahre ich aus den Bildern über mich?
Der Steward kommt, bringt etwas zu trinken. Er beugt sich zu mir: „Werden Sie dieses Jahr wieder in unsere Wohnstuben kommen zu Weihnachten?"
Ich bin ganz erstaunt. „Äh, nein, das nicht."
„Och, dann wird's aber ein langweiliges Weihnachten." Er ist enttäuscht. Ich verrate ihm, daß er mich trotzdem sehen kann: im Kino.

Foto: Volker Corell

MÜNCHEN – MEINE STADT

Samstag, 30. Juli

Ich mag lebendige Städte. Wie L.A., London oder Paris. Aber ans Herz gewachsen ist mir die Stadt, in der ich aufgewachsen bin: „mein" München. Ich wäre todunglücklich, wenn ich in einer Stadt wohnen müßte, die kalt und abweisend auf mich wirkt. Für mich ist eine Stadt so lebenswichtig wie mein Zimmer: Ich muß mich dort wohl fühlen, um kreativ zu sein.

Wir leben in Harlaching, einem Münchner Stadtteil, der noch schöne alte Winkel hat. Als Kind bin ich hier gern auf Entdeckungsreise gegangen. Damals gab es noch Wiesen mit Gänseblümchen zwischen den Häusern. Dichte Hecken mit Flieder, den ich für meine Mutter heimlich klaute. Weil ich wußte, wie sehr sie diesen Duft liebt.

Durch die Autogrammstunden habe ich Deutschland gründlicher kennengelernt, vor allem seine Städte. Aber über München geht nichts: Es ist eine ungemein persönliche Stadt, gemütlich und „genießbar". Dort gibt's wie überall auch Viertel, die nicht gerade einladend sind. Unser Mietshaus, direkt an der Straße, würde ich mir auch nicht aussuchen, wenn ich die Wahl hätte. Sonst mag ich diese Gegend zwischen den Stadtteilen Giesing und Harlaching. Hier findet man alte Häuser mit Fachwerk und Holzbalkonen neben Neubaukästen, kreuz und quer gemischt, verwilderte Gärten mit alten Lattenzäunen, um die Ecke dann wieder kleine, schmucke Stadtvillen. Auf manchen Gehsteigen sprießt Gras zwischen den Steinplatten, fast ein bißchen dörflich. Wo hat man das sonst mitten in einer Großstadt?

Typisch für München: die Biergärten. Fliederhecken und Kastanienbäume schirmen sie von der Außenwelt ab. Bei uns in der Nähe, an einer verkehrsreichen Straße mit faden Wohnblöken, hängt bei schönem Wetter an der Tür einer Metzgerei ein Schild: „Biergarten geöffnet". Man geht durch den Laden und steht unter Lindenbäumen: alte wackelige Stühle und Gartentische. Ruhe. Die Welt bleibt draußen: Großstadtlärm, Staub, Hektik, Gedränge in Bussen und Straßenbahnen. U-Bahn-Streß hasse ich. Besonders wenn's heiß ist, macht er mich aggressiv. Und dann hier nur zwei Minuten weiter: himmlische Beschaulichkeit.

Der Charakter einer Landschaft hat viel mit dem Wesen der Person zu tun, die sie beschreibt, denn wir verlieren unser Herz an eine Landschaft.

Erholen kann ich mich auch gut im Englischen Garten, im Nymphenburger Park. Wenn ich oben auf der Feldherrnhalle stehe und runtergucke, fühle ich mich ein bißchen wie in Paris bei den Champs-Élysées.

Leidenschaftlich gerne gehe ich bummeln. Ob morgens, ob abends, die Fußgängerzone ist voller Leben: Leute aller Art, Cafés, Musikanten, Straßenmaler ... Bei meiner Vorliebe für Märkte gefällt mir natürlich der Viktualienmarkt. All diese exotischen Früchte! Kokosnüsse – die haben's mir besonders angetan. Und Erdbeeren! Gleich bei uns in der Nähe sind Felder, auf denen man Erdbeeren selber pflücken kann. Der Papa und ich haben sie sommers oft eimerweise nach Hause gebracht. Und dann gab's Erdbeerkuchen.

Auf dem Viktualienmarkt einkaufen, im Englischen Garten ausruhen – nichts geht über München.

Excelsior

Frust wegtanzen

Ein Musikzelt ist in diesem Sommer die Attraktion in München. „Macht der Nacht" heißt das Programm. Supermusik und in dem Zelt riesig viel Platz zum Tanzen. Jede Nacht könnte ich mich dort austoben. Da hab' ich eine Kondition – ich staun' über mich selber. Dieses Tempo halten meine Freundinnen meistens nicht mit. Und ich könnte noch ewig weitertanzen. Allen Frust raus. Ich brauch' das ab und zu. Ich gehe gern mal in die Disco, bin schließlich nicht nur das Elfchen, das immer „schwebt". Eigentlich hätte ich jeden Abend Lust, dort zu sein. Und morgens um sechs erst nach Hause. Aber, aber ...

Das Tanztraining in London steht vor der Tür. Fast habe ich Angst vor mir. Ich lebe mich rasch in einen faulen Schlendrian ein, in dieses süße Nichtstun. Oft würde ich lieber „leben" statt arbeiten. Sich gehenlassen – verlockend und gefährlich.

Ich muß mir unbedingt bewußt machen, was das heißt, vier volle Wochen konzentriert zu tanzen. Ich halte mir vor: „Anna" wäre nichts geworden, wenn du dich nicht ganz und gar in die Arbeit reingekniet hättest. Das muß wieder genauso werden.

Dummerweise tut mir seit Tagen die Schulter so weh, daß ich den rechten Arm gar nicht bewegen kann. Aber keine Ausreden, Silvia, die Koffer für London sind schon gepackt.

Musik als „Doping"

Auf Musik als „Doping" kann ich mich verlassen. Die richtige Musik im rechten Augenblick hebt die Stimmung. Das fängt morgens an. Meistens bin ich schwer aus dem Bett zu kriegen, weil ich spät schlafen gehe. Ich bin ein Nachtmensch und werde erst abends richtig munter. Die besten Ideen fallen mir ein, wenn andere ihren Tag schon abgeschlossen haben. Ich lasse mich vom Radiowecker aus dem Schlaf holen. Höre ich als erstes was Fetziges, bin ich sofort munter. Gleich hat der Tag einen anderen Auftakt. Überhaupt, wenn ich lahm und schläfrig bin: Musik, Musik, Musik!

Oder Bizets „Carmen", Ravels „Bolero" – in einem Moment, in dem ich vor schlechter Laune nicht ein noch aus weiß. Hilft garantiert!

Musik bedeutet für mich Lebensgefühl. Musik muß sein. Wenn ich mal krank bin, kann ich es bei Musik leichter ertragen, im Bett zu bleiben. Mit Musik vor dem Einschlafen gebe ich jedem Tag einen selbstgewählten Schlußpunkt. Und träume dann sicher auch schöner. Wenn ich ins Auto steige: Musik an. Im Flugzeug mit Walkman im Ohr, beim Start und zwischen den Wolken – zum Abheben stark! Früher war ich viel mit dem Walkman auf dem Fahrrad unterwegs, heute auch noch, aber nur auf ungefährlichen Wegen. Bei viel Verkehr ist es einfach unverantwortlich. Und es macht auch wenig Spaß, wenn man sich auf keines von beiden konzentrieren kann, weder auf den Straßenverkehr noch auf die Musik. Manchmal köstlich: sich irgendwo aufhalten, wo mengenweise Menschen rumwuseln. Dazu Musik im Walkman. Und dann Leute beobachten, wie sie sich bewegen, wie sie miteinander reden, gestikulieren. Als wär's ein Film, den man allein für sich erlebt.

Praktisch ist ein Walkman, wenn ich das Gelaber der Leute in der Straßenbahn nicht mehr ertragen kann. Wenn man nicht stark aufdreht, stört man die Umsitzenden ja nicht. Ich find's schade, daß man in manchen Städten nicht mit Walkman Bus und Bahn fahren darf.

Zu Hause mag ich die Musik am liebsten laut, ohne Kopfhörer. Da kommt schon mal die Mama und meint, ich soll leiserdrehen – wegen der Nachbarn. Das seh' ich ein.

Am Strand liebe ich Musik besonders. Die Wellen, die Töne. Weißer Sand, blaues Meer, Sonne – alles stimmt mich so fröhlich. Wenn Regen die Küste grau einhüllt, bringt Musik einen Hauch von Wehmut.

Als es neulich nachts gedonnert hat, hab' ich mir eine Platte mit ganz verrücktem Sound aufgelegt. Hab' in meinem Zimmer gesessen und die Blitze beobachtet und die Bäume, wie sie heftig im Sturm schwankten.

Bei den Dreharbeiten in Paris tanze ich meine erste Jazzszene: Mann, ist das ein Körpergefühl!

Für mich hatte Musik von Kind an etwas mit Bewegung zu tun. Kaum konnt' ich gehen, da stand ich schon im Petticoat meiner Mutter vor dem Radio oder dem Fernseher, wackelte umeinander und plapperte: „Tanze, tanze ..." Der Petticoat, völlig zerschlissen, existiert noch. Die Mama wollte ihn eigentlich wegschmeißen. Aber ich hing so an ihm.

Als ich auf die Ballettschule ging, gab ich daheim mit Freundinnen regelrechte Vorstellungen. Am Wochenende durften sie oft hier schlafen, und dann haben wir zusammen etwas einstudiert. Wir haben uns geschminkt, verkleidet, ein Programm geschrieben. Eintrittskarten gebastelt. Unsere Eltern mußten alle an der Wohnungstür klingeln. Wir haben ihnen Karten verkauft und schließlich unsere Tanzshow abgezogen. Mein Zimmer war immer viel zu klein.

Manchmal haben wir auch im Wohnzimmer Theater gespielt, den Schrank als Hintergrund beklebt und alles auf den Kopf gestellt. Die Mama hat nur die Augen verdreht und ließ uns gewähren.
Mein Sinn für klassische Musik wurde wohl durchs Ballett angeregt. Man übt ja sehr früh zu klassischer Musik. Und die Oper hat in meinen Statistenjahren sicher meinen Musikgeschmack beeinflußt. Was ich auf der Bühne hörte, mußte ich unbedingt auf Platte haben. So kannte ich Opern- und Ballettmusik eher als viele andere Kinder, blieb aber auch länger dabei. Erst allmählich interessierten mich die „Top Ten" im Radio. Bis ich mir schließlich die erste Pop-Platte gewünscht habe. „Dschinghis Khan" war das, glaub' ich. Eines Tages kam eine Freundin – wir spielten damals noch mit Barbiepuppen –, das erste Album von Michael Jackson unter dem Arm. Wir legten die Platte auf. Und noch einmal und noch mal. Da hockten wir nun in meinem Zimmer, kämmten den Barbies die Schöpfe und hörten Michael Jackson.

Es darf ruhig exzentrisch sein

Wenn ich heute meine kunterbunte Plattenmischung durchschaue, kommt erst die ganze Klassik. Klaviermusik von Peter Tschaikowsky, sein „Capriccio italien", natürlich „Schwanensee". Von Sergei Prokofjew „Romeo und Julia". Die Musik zu „Carmen" von Georges Bizet und auch die Musik zum Film von Carlos Saura. Vor allem die Tanzszene in der Fabrik ist mitreißend temperamentvoll. Rimski-Korsakow mag ich und Chatschaturjan, sehr auch den „Bolero" von Maurice Ravel.
Dann all diese „Oldies": Glenn Miller, Marilyn Monroe, Edith Piaf, Musicals, amerikanische Filmmusik. Von seichtem Pop bin ich abgekommen, ich ziehe heute was Ausgeflipptes, was Exzentrisches vor. Nina Hagen – hätte mir früher mal einer empfehlen sollen! Da hätt' ich nur gelacht. Jetzt kann ich mich für sie begeistern. Oder Rap, ich denk' immer noch an Los Angeles, an die schwarzen Musiker, die Tänzer ...
Was hab' ich noch hier stehen? Ofra Haza mit „Ethno-Pop", Joyce Sims, die Pointer Sisters, Jennifer Rush, Tina Turner, Prince, Yello. Zwei Platten von „Miami Vice". Dann Filmmusik aus „Chorus Line", „Cotton Club", „Some Like It Hot". Filmmusik liebe ich! Da kann man sich so schön hineinträumen. Ach ja, und Astor Piazzola. Von Sigi Schwab habe ich auch einige Platten. Der komponierte den „Anna"-Sound.
Stundenlang könnte ich asiatische Musik hören, Rhythmen der Tempeltänzer, Musik aus dem chinesischen Tanztheater, marokkanische Melodien, Afromusik. Mich fragen viele: „Ist dir das nicht zu eintönig?" Nicht die Spur. Auch russische oder spanische Volksmusik liegt mir. Bayerische allerdings gar nicht. Außer auf der Wies'n! Bin ja ein echtes „Wies'nkind", geboren zur Zeit des Münchner Oktoberfestes.
Mich ziehen Rhythmen an, die noch mit ursprünglichem Körpergefühl verbunden sind. Hier hat Musik mit Verständigung zu tun. Tanz wird zu Sprache. In unserer Kultur ist das Bewußtsein dafür weitgehend verlorengegangen. Sogar geistig und seelisch fühlt man sich besser, wenn man körperlich beweglich ist. Lesestoff, der mich in dieser Richtung weitergebracht hat, war ein Buch über „Stretching", eine einfache Art, gelenkig zu werden.
Ich bin mir sicher, daß dieses Bedürfnis nach etwas Verlorenem den Erfolg von Tanzfilmen ausmachte. Vor der Fernsehserie glaubte ich, Ballett wäre für die meisten viel zu langweilig. Das Gegenteil war der Fall. Und Tausende von Neuanmeldungen in den Ballettschulen gab's. Neue Schulen wurden eröffnet. Daß Ballett solche Breitenwirkung haben kann, hätte ich nie erwartet.
Im Tanz steckt so viel. Als meine Oma gestorben war, mußten wir ihre Wohnung ausräumen. Dabei habe ich ein leeres Buch gefunden, in dem stand seltsamerweise nur auf einer einzigen Seite ein Satz, in Schönschrift: „Dort, wo das Wissen um die Dinge aufhört, wo nur das Erlebnis Gesetz ist, dort beginnt der Tanz. Mary Wigman."
Sagt das nicht alles?

UNTER LAUTER PROFIS

Sonntag, 7. August

Wir sind in London gelandet. Zum Tanztraining für „Anna". Unser „Hotelzimmer" ist ein Appartement mit einem Wohnzimmer, das sich der Papa für die vier Wochen einrichtet, einem Zimmer für mich, Küche und Bad.
Am ersten Vormittag soll mich die neue Ballettlehrerin vom Hotel abholen. Bei ihr werde ich mein tägliches Training absolvieren und den klassischen Pas de deux lernen. Die modernen Tanznummern soll wieder – wie bei der Fernsehserie – Molly Molloy mit mir proben.
Morgens nun warten wir. Eine halbe Stunde, eine Stunde, die Zeit vergeht, keiner kümmert sich um uns. Ich mache mir Gedanken: Wie mag die Neue sein? Hoffentlich sind wir uns sympathisch. Und wenn sie unpersönlich oder ungeduldig ist? Ein bißchen ängstlich bin ich schon.
Schließlich rufen wir in der Tanzschule an: Alles ein Mißverständnis! Wir hätten sofort dort hinfahren sollen. Meine erste Trainingsstunde hat längst begonnen. Fängt ja gut an!
Also nichts wie hin zu „Dance Works". So heißt das Tanzcenter in einer Seitenstraße der Oxford Street. Die Atmosphäre nimmt mich sofort gefangen. Kaum, daß wir die Eingangstür und

den Empfang passiert haben, stehen wir vor einer riesigen Glaswand, durch die man einen Ballettsaal sehen kann. Gerade geht das Training zu Ende. Ich gucke die letzten Minuten zu. Du meine Güte, alles Profis! Bei solchen Schrittkombinationen soll ich mithalten? Mir rutscht das Herz in die Kniekehlen, wie ich da vor der Glasscheibe stehe. Ich fühle mich dick und unfähig. In Amerika habe ich die ganze Zeit nicht trainiert. Dann die Schulterschmerzen in München. Das mag was werden!

Ich werde meiner Lehrerin vorgestellt: Anna de Boisson. Vom ersten Moment an habe ich Vertrauen zu ihr, sie ist wie eine zweite Jutta Gieseke, ausgesprochen lieb, dabei eine engagierte Ballettlehrerin. Und: sie heißt Anna. Ich bin ja nicht direkt abergläubisch, doch so ein Vorzeichen macht Laune.

Nachmittags habe ich die erste Probe für „Romeo und Julia". Anna de Boisson studiert mit mir diese klassische Choreographie zur Musik des russischen Komponisten Sergei Prokofjew ein. Mein Trainingspartner ist Jon Peterson, der Assistent von Molly Molloy. Wir studieren eine kleine Nummer ein für eine Audition, ein Vortanzen: Mein Romeo für den Film soll dabei ausgewählt werden.

Ich tanze mit Jon eine Stunde, zwei Stunden: Es macht mir Spaß wie noch nie. Wenn ich doch gleich Jon als Romeo für den Film behalten dürfte ... Mit Jon durch den Ballettsaal zu wirbeln ist etwas ganz Besonderes. So viel Gefühl, so viel Intensität gehen von ihm aus. Er tanzt, wie ich es noch nie bei einem anderen Partner erlebt habe. Er hat eine Ausstrahlung – umwerfend! Männer haben oft das Problem, zu „hart" zu tanzen. Jon hat ganz weiche Bewegungen. Aber sie sehen nicht unmännlich oder kitschig aus. Gar nicht. Ich bin ganz verliebt in seinen Tanzstil.

Training in London

Die ganze Woche: knochenhart. Aufstehen. Frühstück. Ballettzeug einpacken. Mit der U-Bahn bis Oxford Circus. Papa ist immer dabei.

Er trägt mir meine vollgepackte große Tasche. Ich bin's ja von München gewöhnt, mit diesem Riesenbeutel in der überfüllten Bahn zu fahren und mich durchzukämpfen. Aber er: ganz schön sauer, mitten im Gewühl mit der dicken Tasche. Dann müssen wir uns in der Oxford Street durch die Leute drängeln, jeden Tag, morgens, abends. Ich kenne sie bald in- und auswendig. Regelrecht schaufeln muß man sich seinen Weg.
Umziehen. Training. Zur ersten Klasse gehören in der Tat lauter Profis aus Theatern, aus Ballettkompagnien, die in ihren Ferien hier trainieren, dazu ein paar ehemalige Tänzer und einige sehr gute Eleven. Noch nie in meinem Leben habe ich zwei Ballettklassen hintereinander durchgestanden. Ich kriege Blasen, blaue Zehennägel – sonst habe ich kaum Probleme damit. Wenigstens sind aber die Schulterschmerzen der letzten Münchner Tage verschwunden.
Erste Klasse. Zweite Klasse. Dazwischen zwei

In London gibt's für mich so viel zu entdecken in meiner knappen Freizeit. Kaffeepause mit Molly Molloy.

Minütchen zum Verschnaufen. Schnell einen Becher Mineralwasser runtergestürzt. Weiter. Nach einer halben Stunde Pause beginnen um drei die Proben, dauern bis um sechs Uhr abends. Den ganzen Tag im Ballettsaal.
Aber immer wieder entdecke ich Kleinigkeiten, die mir den Streß versüßen. Wie der Straßenstand mit französischen Croissants, an dem wir täglich vorbeikommen. Die schmecken so gut wie nirgends, nicht mal in Paris habe ich so lekkere gefunden. Nach ein paar Tagen kennt uns der französische Verkäufer. Er spricht ein bißchen Deutsch, ist charmant: „Was machst du hier in London?" Die Croissants sind oft unser Abendessen. Oder wir gehen in „unsere" kleine Crêperie, versteckt in einem Hinterhof, idyllisch südländisch. Das sind Rituale am Rand, die mir auch an einem fremden Ort schnell ein Gefühl von „Zuhause" verschaffen.

adidas

Gerne gehe ich nach den anstrengenden Trainingsstunden, verschwitzt und abgekämpft, in die Schwimmhalle im Hotel. Schwimmen – für Tänzer der beste Ausgleichssport. Nur einmal war ich so hundemüde, daß man mich zum Swimmingpool hätte tragen müssen.
Kaum einen Abend jedoch versäume ich, meine Trainingssachen zu waschen. Per Hand im kleinen Waschbecken. Sonst müßte ich der Mama einen Berg dreckiges Zeug mitbringen. Das will ich nicht. Und obwohl ich genügend Anzüge dabeihabe, zwinge ich mich zum Waschen, auch wenn ich zum Umfallen müde bin.
Also auch heute wieder einweichen, waschen, rubbeln, auswringen, aufhängen. Das dauert. Es geht auf Mitternacht zu. „Papa, morgen mußt du mir Waschpulver kaufen." Er ist der „Manager" unseres kleinen Londoner Haushalts. Er besorgt das Nötige.
Mach, Silvia, daß du fertig wirst, dränge ich mich selbst zur Eile. Ab ins Bett. Dieses Wochenende sind Proben. Erst am Sonntag darauf kann ich meinen ersten freien Tag in London genießen.

Papa

Daß der Papa mit nach London fährt, war ausgemacht. Das wollte ich. Allein dort vier Wochen, wäre mir zuviel gewesen. In solch einer anstrengenden Zeit brauche ich jemand, der mich organisatorisch unterstützt. Mir vor allem seelische Rückendeckung gibt.
Wie wichtig das ist, merke ich fast täglich. Heimkommen und einfach nur noch zusammensitzen, reden. Sich ausmotzen.
„Was hast du denn, du warst doch gut?"
„Nein, eben nicht, du findest immer alles gut."
„Doch, die Tänzer, die dir hinter der Glasscheibe zugesehen haben, meinten auch, du machst das prima."
„Nein, ich bin nicht toll."
So schreit man sich an, reagiert sich ab. Und alles ist wieder gut.

Tanzen mit Jon: ein Geschenk! Papa: mein Manager, mein Reiseführer, mein Seelentröster.

Mein Vater. Er ist für mich ein Beispiel an Lebensmut und Lebenswillen. Mit siebzehn wurde er zum Kriegsdienst eingezogen. Da war er so alt wie ich, als ich anfing, Anna zu spielen. Wahnsinn! Was darf ich erleben – und was mußte er durchmachen. Lange war er in Gefangenschaft. Eine unbeschwerte Jugendzeit, wie ich sie habe, hat er nicht kennengelernt. Ich glaube, es ist gut, daß der Mensch nicht weiß, was ihm bevorsteht. Die meisten würden schon vorher kapitulieren.
Was ich nicht erwarten konnte: daß der Papa mich in London den ganzen Tag begleitet. Rührend kümmert er sich um mich. Nach ein paar Tagen befürchte ich: Er wird sich dafür bedanken, vier Wochen ständig in der Kantine zu sitzen ...
„Mei, Papa, macht's dir nix aus, hier den ganzen Tag zu sitzen?"
„Nein, das ist interessant, ich lerne so viel."
Zwischendurch geht er einkaufen, spazieren und entdeckt immer etwas Neues für uns. Wie in diesen Schuhläden in der Oxford Street. Gerade ist Ausverkauf. Mit Schuhen habe ich ja meine Probleme. Aber hier finde ich sechs Paar, die mir passen.
Papa hat sich mit einigen Tänzern angefreundet. Er schaut jetzt bei Mollys Proben zu: „Das ist toll, wenn man sieht, wie so eine Choreographie Stückchen für Stückchen wächst." Er beteuert, ihm sei es überhaupt nicht langweilig, bei der Ballettarbeit zuzuschauen. Und er beschwindelt mich nicht, er meint es ehrlich.
Die Atmosphäre ist aber auch super in diesem Haus mit, ich glaube, zehn Sälen und dem Studio mit der Glaswand, in dem ich viel trainiere. Normalerweise würde mich ein Fenster stören, durch das alle reingucken können. Aber hier macht es mir nichts aus, beobachtet zu werden. Hat auch damit zu tun, daß ich die Leute nicht kenne. Und daß sie nicht diese abschätzenden Blicke haben, die ich sonst bemerke. Natürlich bin ich Tagesgespräch in der Kantine. Wer ist dieses Mädchen aus Deutschland, das hier jeden Tag von morgens bis abends rumturnt und tausend verschiedene Sachen durchzieht?

SIEBEN AUF EINEN STREICH

Samstag, 13. August

Diese Füße! Was machen die mir jetzt Probleme! Ausgerechnet, wenn's drauf ankommt. Obendrein habe ich mir auch noch eine Entzündung am großen Zeh eingehandelt. Wenn ich nur drantippe, könnte ich aufjaulen vor Schmerz. Der Druck vom Zeh daneben ist im Spitzenschuh unerträglich.
Wohin mit diesem Zeh? Ich klemme ihn unter den großen. Tanzt sich aber schlecht so. Wenn man wunde Füße hat, wird man auf der Spitze unsicher. Ich versuche trotzdem, oben zu bleiben – aber vor Schmerz geht der Fuß von alleine zurück. Nach der Probe tut's dermaßen weh, daß ich kaum noch auf den Füßen stehen kann.

Wer an Gewicht abnehmen will, muß vor allem an Willen zunehmen.

Fred Astaire

Ich ärgere mich über mich selbst, heule vor Wut. Diese verdammten Blasen! Das einzige, was hier in London wirklich gut funktioniert: ich nehme ab. Morgens Frühstück, dann esse ich fast den ganzen Tag über nichts. Trinke nur viel. Ich merke: Wenn ich eine Aufgabe habe, vergesse ich das Essen. Als ich damals fürs Fernsehen zu filmen anfing, habe ich 45 Kilo gewogen. Bis auf 50 kletterte die Waage hoch. So kann ich nicht tanzen. Das ganze Jahr wollte ich abnehmen und hab's nicht geschafft. Ich bin für meine Verhältnisse ziemlich dick in London angekommen. Ich habe hier keine Waage, aber ich weiß: Gramm für Gramm purzelt. Ich merke es vor allem daran, daß ich mich besser fühle. Gleichzeitig bessert sich meine Kondition. Ich schaffe die beiden Klassen und die anschließenden Proben mit weniger Anstrengung als in den allerersten Tagen. Ich komme in Schwung. Das spornt mich an, gibt mir Freude an der Leistung. In diesem Beruf, beim Tanzen, vor der Kamera, muß man mit seinem Körper arbeiten, muß mit ihm zufrieden sein können.
Inzwischen ist Molly eingetroffen. Wir machen uns jetzt an die anderen Nummern. In vier Wochen muß ich sieben Choreographien lernen. In vier Wochen! In einem Monat macht man normalerweise als Tänzer nicht mehr als eine Tanzaufgabe durch. Aber sieben! Auf einen Streich!
„Romeo und Julia" geht schon ganz gut. Das werden wir nur noch ab und zu wiederholen. Dazu: eine Jazzszene in der Disco, eine Jazzszene in einer Fabrik, mit Jon ein Pas de deux aus „Carmen", ein Solo aus Ravels „Bolero", ein Ragtime, ein Walzer in einer ulkigen Fassung.
Die Tänzer, die sich bei der Audition vorstellen, sind super. Insgeheim wünsche ich mir aber, sie wären gar nicht so gut. Vielleicht bekommt dann Jon die Rolle. Banges Warten auf die Entscheidung. Was soll ich noch sagen: Sie nehmen tatsächlich Jon. Für mich die schönste Überraschung dieser ersten englischen Tanzwoche.

Tänzer und ihre Schuhe

Dieses Bändergefummele, das gehört auch noch alle paar Abende dazu. Tänzer und ihre Schuhe – ein Kapitel für sich!
Zwölf Paar neue Spitzenschuhe habe ich mitgenommen und noch einen Berg alte. Erst mal ha-

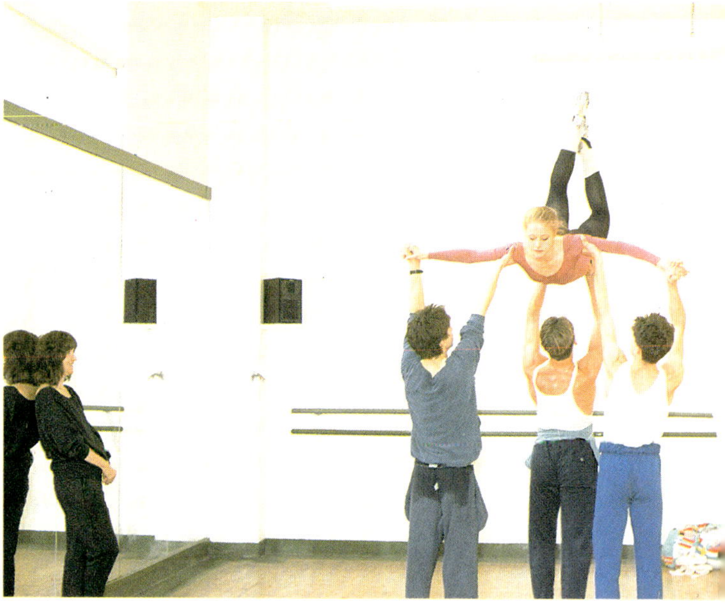

be ich mit den alten trainiert, die waren schön eingetanzt. Aber langsam brauche ich mehr und mehr von den neuen.
Man kauft „nackte" Schuhe und macht sie erst durch die Behandlung zu „seinen" Schuhen. Jeder Fuß ist anders. Keiner braucht beispielsweise die Bänder, die um die Knöchel geknotet werden, exakt an den gleichen Stellen. So sitze ich und stichele an den Schuhen rum. Es dauert allein eine Stunde, die vier Bänder anzunähen und die Gummis, die verhindern, daß der Schuh an der Ferse rutscht. Die Bänder werden an den Kanten abgebrannt, mit dem Feuerzeug, damit sie nicht aufribbeln. An den Schuhspitzen vorne wird der glatte Stoff ausgeschnitten, sonst rutscht man leicht. Schließlich male ich die Schuhe mit Schuhweiß an. So werden sie matt.
Nicht jedes Paar Schuhe schmiegt sich dem Fuß an. Auch wenn ich Schuhe in der gleichen Größe und von der gleichen Firma kaufe – sie fallen verschieden aus. In manchen fühle ich mich schnell wohl, andere kriege ich nur mit Geduld so hin, daß ich optimal drin tanzen kann. Schuhe müssen wie eine zweite Haut sitzen. Sie dürfen sich nicht rauh anfühlen oder am Fuß klotzen. Oder häßlich laut klappern beim Laufen – das zerstört jede Illusion von Schwerelosigkeit.
Je nachdem, wozu ich sie brauche, müssen sie

weicher oder härter sein. Von den sieben Choreographien hier erfordert die eine harte Schuhe, wie der Bolero, weil ich viel auf die Spitze gehe. Eine andere tanzt sich besser in sehr weichen Schuhen, weil man viel läuft und springt.
Abends frage ich mich: Welche Tanzszenen stehen am nächsten Tag auf dem Probenplan? Und ich fange an, die Schuhe vorzubereiten: sie weich machen an verschiedenen Stellen, daß sie sitzen, bequem sind. Ich muß sie drücken und kneten und biegen, um sie zurechtzuformen. Diese Spitzenschuhe – fast eine Tanzphilosophie.
Ich bin jemand, der lange mit seinen Schuhen tanzt. Für die Proben trage ich Schuhe, die habe ich schon ein ganzes Jahr. Im Grunde unmöglich. Aber ich lacke sie immer wieder, und dann geht's noch ganz gut. Ich ziehe sie halt so gerne an, weil ich mich in ihnen wohl fühle. Neue Schuhe hasse ich.
Zu Hause habe ich ein Buch der Tänzerin Margot Fonteyn, in dem beschrieben ist, woraus Tanzschuhe bestehen: Satin, Segeltuch, bißchen Pappe, Leder, ein spezieller Leim, der alles zusammenhält, und noch einiges mehr.
Normalerweise benutzen Tänzer drei, vier Schuhpaare für eine Vorstellung. Ich mag das nicht, immer wechseln. Ich ziehe, wenn wir filmen, die Schuhe morgens an und nicht mehr aus den ganzen Tag. Außer im „Notfall", wenn sie ganz durch sind. In jedem Paar fühlt man sich anders. Ich schlüpfe auch in den Pausen nicht aus den Schuhen. Die Füße schwellen sofort so an, daß ich nicht mehr reinkomme.
Was Ballett so schwer macht: Vom Kopf her muß man dabeisein und sich darauf einstellen, wen man überhaupt tanzt. Man muß empfinden, man muß spielen können, nach außen zeigen, was innerlich abläuft. Aber man muß auch ans Handwerk denken. Die Technik muß

Sieben Choreographien zu lernen, eine wahre Herausforderung. Proben mit Anna de Boisson, Molly Molloy und Jon Peterson. Als ich dann „Carmen" im Kostüm probe, verstärkt sich das Gefühl für die Rolle: Solange ich tanze, bin ich Carmen.

stimmen. Die Schuhe müssen bereit sein. Die Strumpfhose muß sitzen. Das Kostüm muß einwandfrei passen.
Leistungssport in höchstem Maß.
Man muß sich oft zwingen, morgens aufzustehen, den ganzen Tag auf schmerzenden Zehen zu tanzen und zu tanzen. Ich mag nicht, ich kann nicht. Ich will mich nicht bewegen. Trotzdem: Ich muß! Und ich weiß, am Abend bin ich glücklich, daß ich mich überwunden habe.

WUTZETTEL
1 – 2 – 3 ...
Nun – zerreiß mich,
oder reiß Dich zusammen ...

ICH SCHAFF'S NICHT

Mittwoch, 24. August

Theatermäßig ist in London so viel los. Schade, daß ich nur wenig davon mitbekomme. Aber die Proben sind zu anstrengend, um noch jeden Abend loszuziehen.
Jazzproben sind an der Reihe. Ich mag die Musik, die Bewegungen, ich will's toll machen. Wie die andern. Nur: Ich komme mir vor wie ein Entchen, wie ein Tanzkind, das noch am Daumen lutscht. Diese Jazznummern, bei denen man so ganz nah mit den Jungs tanzt, und die Bewegungen aus der Hüfte raus – ich will da so gerne voll einsteigen, mit Pep. Ich finde die Choreographie klasse. Aber ich komme mir stocksteif vor, irgendwie ordinär. Im klassischen Ballett hat man meistens eine gewisse Distanz zum Partner. Es kostet mich jetzt Überwindung, meinen Körper aufreizend zu bewegen. Obwohl es mir Spaß macht. Und ich habe ja nur kleine Schrittkombinationen zu tanzen.
Ich merke auch, daß ich Fortschritte mache. Ich bin zuversichtlich. Das mit dem Schwung aus der Hüfte krieg' ich auch noch raus. Wär' ja gelacht!
Dieser August in London ist irre schwül. Manchmal denke ich beim Training: Ich ersticke. Vierzig Leute im Raum. Die Klasse ist zum Platzen voll. Die Spiegel sind angelaufen. Aber keiner bleibt weg. Die Atmosphäre wiegt alles auf.
Schlimm ist's mit meiner Nagelentzündung. Die tut so weh, daß ich's kaum aushalte. Ich war zwar beim Fußpfleger. Er hat ein Stück Nagel rausgeschnitten. Ein paar Tage ging's besser. Aber jetzt ... Vor Wut und Verzweiflung heule ich abends im Hotel. Ich schnipple an dem Zeh rum, versuch' mich selber zu verarzten, steche in die Wasserblasen. Manche Stellen bluten. „Papa, Papa, ich kann nicht mehr. Wie soll ich nur mit diesen Füßen üben?"
Kürzlich hat Anna de Boisson zu mir gesagt: „Du hast viel gelernt." Das Jazztraining macht wirklich was aus. Endlich lerne ich, Kopf und Arme in den Bewegungsausdruck mit einzubeziehen. Mein Tanzstil wird weicher, professioneller. Frank Strecker kommt für ein paar Tage nach London, um die Tanznummern auf Video aufzunehmen. Auch er sagt: „Das ist vielleicht ein Unterschied zum letzten Jahr. Du tanzt viel reifer, fraulicher. Da hat sich einiges verändert. Bei unserer ersten ‚Anna' hast du noch Angst gehabt, wenn alles schon vorbei war."
Ich merk's selber. Ich weiß, welche Fehler immer noch da sind, aber ich habe mehr Courage. Ständig diese sieben Choreographien im Kopf zu haben, in den Füßen, im Gefühl. Ich habe Tage, da kann ich mich selbst nicht leiden. Da glaube ich an kein gutes Ende mehr hier in London. Die Tänzer sind nett, alles macht Spaß – nur bei mir geht's halt nicht: Jetzt siehst du's, du bist noch kein Profi. Du hast zu wenig Training, du bist zu schlecht. Die Anforderungen steigen – aus ist es, du kapitulierst.
Eigentlich ein normales Rauf und Runter auf dem Stimmungsbarometer eines Tänzers. Aber ich bin diesmal sicher, ich schaff's nicht. Ich muß die Produktion in München anrufen: Sucht euch eine andere, für mich ist es zuviel.
Aber wie's halt im Leben so ist, ausgerechnet, als ich meinen Entschluß gefaßt habe, geht alles wunderbar. Ein Tag, an dem ich mit der Welt wieder in Einklang bin.
Eine Kostümprobe bei „Bermans & Nathans" ist angesagt. Wie bei meinem ersten Besuch in

London. Das große Staunen mit runden Kinderaugen ist vorbei. Ich bleib' ganz cool: Schnell rüberfahren. Nachher geht die Probe weiter. Raus aus den Trainingsklamotten. Rein ins Kostüm. „Hier zieht sich der Stoff. Da ist's zu weit. Hier kann's ein bißchen enger. Da was zugeben. Okay." Weiter. Ich hab' schon gelernt, ein bißchen über der Situation zu stehen.
Die beiden freien Sonntage verlaufen wunderschön harmonisch. Wir machen kein großes Programm. Nur umherspazieren, sich in ein Lokal setzen, Leute beobachten. Stadt und Menschen auf sich wirken lassen. Genießen. Daß Vater und Tochter so viel zusammen unternehmen können, so „outside" der Alltagswelt – für mich ein Erlebnis, das ich zu schätzen weiß.
Und meine Lehrerin macht mir ein dickes Kompliment: „Jetzt bist du eine ganz andere Tänzerin geworden, hast einen anderen Körper, andere Bewegungen."
Ich merke aber: Meine Kräfte sind erschöpft. Ich bin müde. Einfach müde. Ich fühle mich – wie ein kleines Kind, das nach Hause zur Mama will.
Das Ergebnis: Plötzlich ist eine ungeheuere Wut da. Auf alle und alles. Auf die Tänzer, meine Lehrerinnen Molly und Anna, auf meinen Vater. Aufs Ballett. Ich bin fertig mit der Welt. Ich habe nicht die geringste Lust mehr, mich zu bewegen. Mittags schon sage ich zum Papa: „Es hat gar keinen Sinn, daß ich trainiere. Genausogut könnte ich im Bett liegen. Ich quäle mich mit nur halber Kraft vor mich hin. Ich sage dem Körper: Jetzt mach! Aber der hört gar nicht auf mich."
Ich hab's satt! Die Schnauze voll!
Ich weiß ja, es ist meine Chance. Es ist mein Film. Es ist meine Rolle. Was soll diese Wut? Sie werden mir sagen: Mädel, wenn's dir nicht paßt, hör auf. Wir nehmen eine andere. Da warten tausend auf ihre Chance. Trotzdem könnte ich alles hinschmeißen vor Wut.
Ich stehe weiter auf Spitze. Drehe mich. Springe. Aber ich will, daß es endlich zu Ende ist. Dann hab' ich's geschafft.
Nach Hause! Lustig sehen wir aus. Unsere Koffer reichen nicht. Wir müssen Pakete schnüren. Als ob wir nach Deutschland auswandern wollen . . . Jetzt bin ich sehr, sehr froh, glücklich und stolz, durchgehalten zu haben. All die Wochen.
Im nachhinein kann ich nicht sagen: vermaledeites London. Nein. Es gab mehr schöne Tage als schlechte. Insgesamt hart, aber super.

SILVIA IM GLÜCK

Freitag, 23. September

Bin ich froh, wieder zu Hause zu sein. Heimweh hatte ich in London nicht. Nur irgendwann hab' ich die Mama vermißt. Und die eigene Stadt. Ich merke das so richtig am ersten Abend in München. In meinem Bett, in meinem Zimmer, bei der Mama, mit Freunden am Telefon – ach, ist das schön!

Die Ernüchterung folgt auf dem Fuß. Kaum angekommen, ruft „TV 60" an. Besprechungen, Kostümprobe. Und ich hatte mich so darauf gefreut, ein ganzes langes Wochenende nichts, aber auch gar nichts zu tun. Was denken die sich eigentlich? Ich tobe. Und füge mich. Ich weiß ja, die müssen auch ihren Kram unterkriegen.

Aber herb ist's schon. Drei Tage lang nicht einmal Zeit zu haben, die Koffer auszupacken! Sie stehen in meinem Zimmer, und drei Tage lang steige ich drüber. Da habe ich vier Wochen trainiert und brauche so nötig ein bißchen Zeit, um mich mal zu sammeln, um überhaupt wieder zu mir zu kommen.

Die Dreharbeiten beginnen. Logisch, diesmal ist's was anderes. Keine Fernsehserie, sondern Film, richtiger Kinofilm. Jetzt muß alles stimmen, bis zur kleinsten Bewegung. Das riesige Bild auf der Leinwand ist unbarmherzig und verzeiht keine Fehler. Das gilt fürs ganze Team. Die Anspannung macht sich deshalb bei uns allen bemerkbar.

Nach dem Erfolg der TV-„Anna" ist die Film-„Anna" für mich eine große Aufgabe, und ich werde alles versuchen, sie zu meistern. Ich möchte mein Bestes geben. Fühle mich aber deswegen nicht unter „Erfolgszwang". Genau wie im letzten Jahr kann ich mich sofort völlig auf meine Rolle einstellen. Vor der Kamera vergesse ich alles andere.

Unsere Drehzeit ist verflixt knapp, vom 29. August bis zum 10. Oktober, in München, in Ingolstadt, in Bregenz. Das Schönste kommt zum Schluß: Vom 13. bis 18. Oktober wird in New York gedreht. Darauf freue ich mich wie Hans im Glück ... Besser: wie Silvia im Glück!

Wirklich, Anna hat mir Glück gebracht. Noch nie in meinem Leben war ich soo oft sooo glücklich. Ich spüre, wie ich mit mir selbst ein Stück weiterkomme. Ich merke, die Leute um mich herum, die mögen mich und nehmen mich ernst, die erkennen meine Leistung an, die loben mich.

Schon möglich, daß andere Menschen weniger Zuneigung brauchen als ich. An mir zumindest stelle ich fest, daß ich geradezu aufblühe, wenn ich Leuten trauen kann, wenn ich merke, daß man mich gern hat.

Nur wenn das Wochenende kommt, weiß ich eigentlich gar nicht, was ich mit mir anfangen soll. Meistens schlafe ich viel, gammle rum, kann nichts Vernünftiges tun und will einfach nur wieder den ganzen Tag bei meinem Team sein. Auch wenn ich wenig zu drehen habe oder nur dasitze und auf meine nächste Szene warte. Erst wenn ich abends todmüde ins Bett falle, spüre ich, wie erschöpft ich bin. Den ganzen Tag lang merke ich nichts davon. So hundertprozentig bin ich bei der Sache. Nicht zuletzt deshalb, weil wir sehr harmonisch miteinander arbeiten. Und gibt es mal Streit, ist er rasch begraben.

Wir studieren einen Ragtime ein. Ausgerechnet er ist im Film nicht zu sehen. Wo ich ihn doch so super fand.

Ich bin wieder Anna

Unser erster Drehort ist Ingolstadt. Ein kurzer Blick auf die Donau, dann ab ins Stadttheater. Dort wird Annas erstes Engagement gefilmt. Sie spielt in einem Musical mit, es heißt „Feuerwerk". In der Geschichte geht es auch um eine Anna. Der Name begegnet mir jetzt tatsächlich auf Schritt und Tritt und ist anscheinend ein guter Talisman. Das fing mit Anna Strecker, der kleinen Tochter unseres Regisseurs, an. Inzwischen haben Monika und Frank einen Sohn. Name? Philipp. Mein Filmbruder heißt genauso. Wenn das kein Zufall ist!

Die Anna im „Feuerwerk" träumt davon, Tänzerin in einem Zirkus zu werden. Den Zirkusdirektor spielt Frank. Eine ungewohnte Situation: Er in Kostüm und Maske vor der Kamera, sonst der ruhende Pol dahinter. Aber wie er diesen Zirkusdirektor hinkriegt – großartig. Wenn er Anweisungen für die nächste Einstellung gibt, spürt man: Er weiß, wovon er spricht. Er kann nachvollziehen, wie es ist, vor der unbestechlichen Kamera zu stehen, der bei einer Nahaufnahme nichts entgeht.

In Ingolstadt steigen wir eines Nachmittags dem Theater aufs Dach. Hoch oben schwebe ich auf einer Schaukel zwischen Himmel und Erde. Unserer Regieassistentin wird's ganz schwindelig, wie sie mich da oben sieht. Ich aber fühle mich frei und schaukle fröhlich vor und zurück. Unten auf dem Theatervorplatz laufen immer mehr Kinder zusammen und rufen im Schaukelrhythmus: „An-na!" „An-na!"

Auch diesmal ist unsere tägliche Umgangssprache ein Mischmasch aus Deutsch und Englisch. Dank der Wochen in London verstehe ich so gut wie alles. Aus der Übung komme ich auch nicht: Molly redet Englisch mit mir. Jon spricht nur Englisch, auch seine Filmtexte. Der Dialog wird später im Studio synchronisiert. Zeitweise gibt Frank sogar seine Regieanweisungen schon auf englisch. Was auf deutsch erklärt wird, übersetze ich für Jon.

Spielen macht Spaß, tanzen macht Spaß – und die Pause dazwischen. Filmarbeit mit Jon und Stephen (rechts).

Und einmal passiert es doch tatsächlich, daß ich meinen Text vor laufender Kamera in englisch statt in deutsch wiederhole: Ich stehe neben Jon auf der Bühne, soll im Weggehen „Wart mal kurz" sagen. Die Textstelle kommt. „Wait a minute" höre ich mich im schönsten Englisch. O nein! Kamera aus. Alles lacht. Sorry, noch mal in deutsch. Weiter geht's im Sprachmix zwischen Jon und mir, und ich warte bloß darauf, daß Jon zum erstenmal „please" mit „bitte" verwechselt ...

Bevor man sich besinnen kann, ist die Woche an der Donau vorbei.

Vor den Toren von München, im Garten einer Villa am Starnberger See, ist unser Pas de deux aus „Romeo und Julia" geplant.

In welcher Stimmung man allerdings zu einem Drehtag antritt, kann man sich nicht aussuchen. Nun haben Jon und ich „Romeo und Julia" so oft in London geübt, daß wir jetzt, als die Musik im Grünen ertönt, diesen Prokofjew auf einmal nicht mehr hören wollen.

Ich motze: „Jon, ich kann's nicht mehr ertragen! Ich will Jazz haben!" Ausgerechnet den Rhythmus, der mir in London am schwersten fiel. Aber dafür hätte ich jetzt das richtige Tanzgefühl. Nicht für dieses schwebende ästhetische Wesen der Julia. Ich schüttle mich. „Ehrlich, Jon, es kotzt mich an." Wir da am Morgen, in unseren Jogginganzügen – Power wie Leistungssportler – von wegen klassische Romantik.

Aber abends: Wir sind für die Aufnahme geschminkt, haben unsere Kostüme an. Ich mein helles Trikot, der seidige Tanzrock weht mir um die Beine, bauscht sich bei jedem Sprung. Das Flattern der dünnen Stoffe in der weichen Abendluft, die einfühlsamen Klänge. Sprung, Hebung, Drehung – das Gefühl, Romeo und Julia zu sein, solange wir tanzen, kehrt zurück. Weg ist das sportliche Feeling vom Morgen, Prokofjew hat uns wieder.

Mit Jon diesen Film gemeinsam zu machen ist für mich wie ein Geschenk. Ich fühle mich mit ihm sehr wohl. Ich kann neben ihm ganz natürlich spielen. Und tanzen mit Herz. Er ist ein erstaunlicher Tänzer und ein prima Partner vor der Kamera: ohne Allüren, sensibel und sanft.
Jeder Tag vergeht wie im Flug. Ständig meint man, bis Mitternacht ist's noch weit, und schon heißt's: Schluß für heute. Man schaut auf die Uhr. Ach, du liebe Zeit – das waren fünfzehn Drehstunden am Stück, und ich hab's überhaupt nicht mitgekriegt. Jetzt rasch was essen, noch die Ballettschuhe für morgen präparieren, und ab in die Falle.
So lange aufzubleiben wie nach unserem Disco-Drehtag, bis morgens um fünf an der Bar, das kann man nicht oft machen. Muß aber auch mal sein. Es entspannt. Ich war sogar am nächsten Tag richtig gut drauf. Aber solche Nächte bleiben die Ausnahme. Ausgehen kann ich auch, wenn die Filmarbeiten abgeschlossen sind. Jetzt brauche ich vor allem eins: volle Konzentration. Und die will ich ohne Aufputschmittel haben. Ich kann mir gut vorstellen, wie schnell man bei diesem Job in Versuchung gerät, sich aus der Apotheke zu holen, was fit und wach macht.
Da hab' ich nun in London sieben Choreographien einstudiert, und nun muß ich auf die schnelle noch eine weitere lernen. Eine „Carmen"-Szene.
Die ganze Woche habe ich nur gespielt. Plötz-

lich soll ich auf Tanz umschalten. Wieder stellt sich Wut ein. Bisher hatte ich während der Dreharbeiten bei den Tanzszenen ein Gefühl von Netz und doppeltem Boden. In London war alles einstudiert. Dort haben wir an den letzten Tagen immer alle Choreographien hintereinander durchgetanzt. Hier mußte ich mich bislang nie auf mehr als eine Szene pro Drehtag vorbereiten. Das gab Sicherheit.
Und jetzt wieder was Neues! Ich habe keine Lust. Aber: Stephen Jeffries kommt für drei Probentage nach München. Vom Königlichen Ballett aus London!
Da kann ich nur eine tiefe Verbeugung machen. Und mich anstrengen.

Torte mit Kerzen

Heute werde ich neunzehn Jahre alt. Der Tag fängt wunderschön an. Ich wünsche mir ganz fest, daß er ein gutes Vorzeichen für das neue Lebensjahr ist. Axel, der Produktionsfahrer, der mich zum Drehtermin abholt, steht mit einer roten Rose vor der Tür.
Wir drehen in dieser Nacht in der Wohnung meines Filmfreundes Rainer. Dazu wurde ein ebenerdiger Raum in Schwabing ausstaffiert. Ein Wohnwagen steht dort, als Schminkstudio, als Umkleidekabine. Karin, die Maskenbildnerin, erwartet mich mit einem Riesenstrauß Rosen. Neunzehn Blüten. Die beiden Kostümassistentinnen Bina und Christiane haben mir mit ihr zusammen ein besonders schönes Exemplar für meine Ohrringesammlung ausgesucht. Bina legt einen Gutschein dazu für ein Essen bei ihr zu Hause mit „zehn Personen meiner Wahl".
Nachdem ich fertig geschminkt bin, werde ich feierlich in unsere Filmwohnung geholt. Da steht aufgereiht, rechts und links, das ganze Team und singt: „Happy birthday to you ..."
Und am Ende des Raumes ein Tisch, darüber ein schick gemaltes Geburtstagsplakat. Geschenke, Blumen und eine Torte. Vierstöckig, mit neunzehn Kerzen! Alle gratulieren, Küßchen von Jon, von Patrick. Ronnie, mein Filmbruder, ist extra gekommen, obwohl er an dem

„Romeo und Julia." – Feier für die Goldene Kamera mit Bernd Burgemeister, Patrick Bach und Frank Strecker.

Tag gar nicht dran ist. Er ist für mich wirklich „mein" Bruder geworden, seit ich mit ihm Anna spiele.
Unser Tonmann, der Specki, überreicht mir eine Polaroidaufnahme, eingewickelt in Tonbänder, richtig mit Schleifchen. Erst hab' ich gar nicht kapiert: Er hält auf dem Foto einen Ohrring in der Hand. Den will er mir nach Drehschluß schenken. Jetzt gehört der Ohrring noch zum Filmkostüm. Er wurde für Anna in London gekauft.
Eine Überraschung nach der anderen. Und alles so liebevoll ausgedacht. Geburtstag zu haben ist wunderschön! Feiern ist natürlich nicht drin. Jetzt wird gearbeitet. Ist es Absicht, oder meint es das Schicksal an diesem Tag extra gut mit mir? Eine Kußszene mit Jon wird gedreht.
Dreimal müssen Axel und ich morgens um acht Uhr den Weg vom Auto ins Haus machen, um alle meine Geschenke heimzubringen. Dann stelle ich die vielen, vielen Blumen auf den Balkon: erst in Vasen, dann brauche ich Bierkrüge und Eimer.
Alleine sitze ich auf dem Balkon. Schaue meine Blumen an. So viele auf einmal habe ich noch nie bekommen. Eine kleine Wehmut zieht durch meine Seele: Schade, daß so ein Tag so schnell zu Ende geht. In diesem Moment geht die Sonne auf. Ich bin glücklich.

Mit einem Tänzer wie Stephen wird Tanzen zum Erlebnis.

CARMEN VOR DER KAMERA

Dienstag, 4. Oktober

Inzwischen „wohnen“ wir in Österreich, in Bregenz. Der Drehplan sieht einige Szenen auf der Bühne im Festspielhaus vor. Im Film finden diese Auftritte in der Münchner Oper statt. Aber wegen der Umbauarbeiten müssen wir auf eine andere, vergleichbar große Bühne ausweichen.
Meine Güte, bin ich müde. Zum erstenmal, seit ich aus London zurück bin, fühle ich mich völlig kraftlos. Als am nächsten Morgen der Wecker klingelt: bleierne Mattigkeit. Vorsichtig mache ich die Augen auf: Wo bin ich eigentlich? Noch halb im Schlaf stelle ich die Uhr ab und bin gleich wieder weg. Unweigerlich gerate ich an diesem Morgen in Zeitnot. Während der Drehwochen immer gut drauf zu sein, immer wach, das schlägt irgendwann ins Gegenteil um. Bei mir ist diese Stufe erreicht.
Dann aber beißt mir ein Schrecken ins Gehirn: Silvia, mit dieser Einstellung kannst du nicht tanzen, und nachher sind „Carmen“ und „Bolero“ fällig ... Und Stephen Jeffries wartet auf dich. Mit ihm hast du „Carmen“ zu tanzen – aber temperamentvoll! Los, wach auf!
Nach und nach werde ich munter: in der Maske, beim Anziehen, beim Warmtanzen. Die Angst zu versagen gibt mir die innere Spannung zurück. Mühselig ist's, Schwung in die Knochen zu kriegen.
Als ich auf der Bühne zur ersten Tanzprobe antrete, glaube ich, so frisch wie jeden Morgen zu wirken. Doch da kommt der Sigi von der Technik zu mir: „Hast du was?“ Dann noch einer und noch einer vom Team, und jeder fragt: „Geht's dir auch gut? Du bist so anders heute.“
Im Grunde ist mein Problem aber nicht, wach zu werden: Ich stehe wieder vor dem Abgrund. Vor keiner Tanzszene bin ich locker und gelöst. Ich leide unter meinem Lampenfieber. Witze machen oder albern sein, das geht nicht mehr. Die Balance halten, die komplizierte Pirouette – das ist wie im Traum tief fallen.
„Silvia, was hast du denn?“
„Ich hab' so Angst“, flüstere ich.
„Ah, geh, du kannst das schon!“ versichern mir alle.
Lieb sind sie zu mir. Das gibt mir irgendwie Kraft und Geborgenheit. Ich will ja tanzen, und wenn es klappt, ist es toll. Aber in diesen schweren Szenen sind technische Hürden drin: Hat man einen Glückstag, sind alle zu bewältigen. Aber es gibt Pechtage, da tut sich dieser Abgrund auf. Du stehst da, die Musik fängt an, du tanzt und jetzt – jetzt kannst du ausrutschen oder hinknallen ... Carmen springt Don José in die Arme, er hebt sie hoch – wenn das schiefgeht! Dieses wahnsinnige Drauflosrennen, Springen, und?

Gefühle proben

Wieder streift mich ein Unlustgedanke: Ich will gar nicht. Er ist im gleichen Moment verflogen, als ich zu tanzen anfange. Denn ein Pas de deux ist immer wieder das schönste Gefühl für mich. Ich genieße den Rausch der Bewegung. Eigenartig, wie Gefühle sich in Sekunden ändern können. Und trotzdem bleibt die Spannung: nichts falsch zu machen. Sie zwingt mich zu höchster Aufmerksamkeit.
Molly gibt Anweisungen. Stephen probt mit mir. Er strahlt absolute Ruhe aus. Ihn würde keiner fragen: „Haben Sie Angst?“
Meinen Bammel vor dieser Choreographie mit

ihren vielen technischen Schwierigkeiten sieht man mir meilenweit an. Und ich frage mich: Was mag wohl Stephen Jeffries denken? Mit einer Neunzehnjährigen zu tanzen, die eine winzige Ahnung von dem hat, was seine berühmten Partnerinnen vollendet beherrschen ...
Für mich ist es die Erfüllung eines Traumes: Selbst wenn ich jemals für die Bühne engagiert würde – mit einem Solotänzer von Covent Garden hätte ich sicher nie die Ehre ... Jetzt ist er „mein“ Don José. Noch dazu einer, der so liebenswürdig ist. Er kommentiert keinen Fehler ironisch, bleibt geduldig und gelassen, wenn ich mich vertue.
Anna tanzt im Film auf der Bühne. Und mir wird der Unterschied zwischen Theater und Film sehr bewußt: Auf der Bühne gibt es immer nur dieses eine Mal und kein Zurück. Wir hier proben ein paarmal und wiederholen die Szene auch, wenn die Kamera mitfährt. Manchmal ist der Regisseur schon mit der ersten Aufnahme zufrieden. Und ich bin enttäuscht: Ich möchte noch mal, ich fand mich gar nicht gut. Ist wohl besser, daß ich mir nicht selbst zusehen kann. Wahrscheinlich wäre ich nie zufrieden. Aber dieses Ausprobieren reizt mich.
Eine Schattenseite bemerke ich allerdings auch: Wenn etwas öfter nicht klappt, geht's irgendwann überhaupt nicht mehr. Speziell beim Tanzen. Man dreht die Szene noch mal, noch mal, noch mal – und ist schon so nervös, wenn die Musik einsetzt, daß es zwangsläufig, bums, danebengeht.
Schwierig bei den Tanzszenen ist, sich auf diese kurzen Ausschnitte einzustellen. Wenn man die ganze Nummer durchtanzt, kann man sich in die Figur und in die Handlung „hineinleben“. Jetzt müssen wir mittendrin einsteigen, zum Beispiel: als Carmen. Wenn sie Don José ohrfeigt, er sie losläßt, sie wieder auf ihn zugeht. Schnitt. Zwar haben wir immer einen kleinen Vorlauf von der Musik, um reinzukommen. Stehen schon in der Pose, bei der die Filmaufnahme einsetzt, markieren mit den Händen, was sich vorher abspielt. Trotzdem will sich das Gefühl nicht „echt“ einstellen. Der Körper, der sich gerade erst zu bewegen beginnt, signalisiert: Anfang. Dabei sind wir mitten in der Geschichte. Die Welle der Bewegung, auch der inneren, fehlt. Die Gefahr besteht, daß man zu hastig wird, wenn man die Positionen nur durchdenkt statt durchtanzt. Weil man nur mit den Händen in die Luft malt: Sprung, rauf, drehen, drehen, drehen ... statt dreee-hen, dreee-hen, dreee-hen ...
Und dann wird das Ganze fünf-, sechsmal wiederholt. Und soll auch noch überzeugen. Kurze Spannungsbögen kommen der Kondition natürlich entgegen. Ich kann mit noch unverbrauchter Kraft springen oder das Bein nach oben drücken.
Wenn wir, wie heute, für eine Filmszene proben, hilft mir auch meine Vorstellungskraft. In meiner Phantasie ist Wirklichkeit, was im Tanz passiert. Jetzt bin ich Carmen.

Gefühle spielen, trotzdem Takte zählen: Manchmal fällt es schwer, eine tanzende Schauspielerin zu sein ...

Farbe bekennen

Die Proben für die erste Szene sind zu Ende. Nun heißt es Farbe bekennen: Carmen vor der Kamera.
Wenn ich im letzten Jahr für den Fernsehfilm getanzt habe, dachte ich nur wie hypnotisiert an meine Fehler. Diese ewigen Bedenken: Meine Füße sind „einwärts“. Heute will ich, wenn ich tanze, Ausdruck zeigen. Jetzt geht's um Blicke, nicht um „Fuß auswärts“ oder nicht. Den Leuten im Kino ist es egal, ob der Fuß perfekt gesetzt ist – die wollen Empfindungen sehen! Oft mosere ich zwar immer noch, wenn ich mich auf Fotos sehe: Der Fuß ist ja schrecklich! Aber wichtig ist mir heute der Versuch, die Rolle zu interpretieren.
Früher habe ich mein Gesicht vergessen. Gesicht und Arme waren wie „tot“. Jetzt merke ich, wie erlebnisreich Tanzen sein kann, wenn Gesicht und Arme und Gefühl „mittanzen“, wenn ich mit Haut und Haaren „im Tanz“ drin bin. Das habe ich in London kapiert – und auch: mich trauen, so zu tanzen. Natürlich muß die

Technik stimmen. Ich arbeite weiter daran, sie zu verbessern. Das verrückte ist aber: Fehler verlieren sich sogar ein bißchen von alleine, wenn man nicht mehr so verkrampft ist.
Nobody is perfect. Ich habe mich entschieden: Ich will tanzen. Und ich will spielen. Dann kann nicht beides vollkommen gelingen.
Am Nachmittag sind die „Carmen“-Szenen im Kasten. Stephen versteht, was in mir vorgeht: „Du bist glücklich, ja? Die letzten Tage warst du ziemlich still.“
„Ja, es ist vorbei!“
Doch ganz „vorbei“ ist der Drehtag nicht. Ich habe noch die Szene vor mir, in der Anna den Bolero tanzen soll. Obwohl sie weiß, daß David, ihr Tanzpartner, tot ist. Der Bolero gelingt ihr nicht. Sie rennt von der Bühne.
Diese Szene braucht Energie, und nicht zu knapp. Make-up auffrischen. Wieder das gewohnte Bild: Der Regisseur erklärt den Darstellern und dem Kameramann, wie er die Situation gespielt haben möchte. Für einen Außenstehenden eine lockere Atmosphäre – ein Dutzend Leute, die so aussehen, als ob sie gerade nichts zu tun haben. Aber das täuscht. Die ganze Crew hört aufmerksam zu. Damit jeder anschließend genau weiß, was er zu tun hat. Die Leute vom Licht, die von der Technik, vom Ton, alle Assistenten, der Mann mit der Filmklappe, jeder weiß: Nachher, wenn gedreht wird, darf sich keiner einen Patzer erlauben. Da wird schon mal kräftig geschimpft und gebrüllt, wenn einer was vermasselt.
Ich stelle mich innerlich auf das ein, was ich gleich überzeugend spielen soll: Anna, auf die Bühne geschubst, keiner versteht, daß sie jetzt nicht tanzen kann. Hilft mir denn niemand? Mama, Papa, ihr seid doch im Zuschauerraum, ihr müßt doch sehen, wie's um mich steht?! Am liebsten möchte ich dem Parkett und den Rängen entgegenschreien: Gerade ist einer gestorben, so jung wie ich!
Im Bregenzer Theater sitzt eine Gruppe von Statisten. Als „Publikum“ engagiert. Natürlich ist einem bewußt, daß alles nur Spiel ist. Aber ich möchte mich immer fühlen, als wär's wahr. Raus auf die Bühne und vor die Stuhlreihe, die Dekoration für den Bolero. Blick, die Musik, Pose, meine Hand zittert, Blick, ich breche den Tanz ab, raus, raus in die Kulisse, reiße einen Stuhl um. Beim zweiten Versuch trete ich aus Versehen einen Schritt zurück. Ein zweiter Stuhl poltert zu Boden. Unserem Regisseur gefällt meine unbeabsichtigte Variation. „Dabei bleiben wir.“
Das Skriptgirl notiert. Sie muß Augen und Ohren wirklich überall haben. Sie ist verantwortlich, daß sich nachher, wenn der Film Szene für Szene am Schneidetisch montiert wird, alles, aber auch alles, nahtlos zusammenfügt. Wehe, einer trägt montags einen roten Schal und dienstags an der gleichen Stelle einen blauen. Jetzt geht's eben um diesen zweiten Stuhl. Beim nächsten Durchlauf muß ich darauf achten, beide Stühle zu erwischen.
Wir sind uns einig. Wir können drehen. Licht. Kamera. Die Maskenbildnerin pudert noch einmal mein Gesicht ab, die Kostümbildnerin zupft eigenhändig ein paar Rüschen am Ballettröckchen zurecht. Achtung, Ton läuft, Kamera läuft, Klappe und: „Action!“

Vier Filmminuten

Wiederholung. Bei schwierigen Szenen sind's manchmal sechs, sieben Durchgänge. So wird verständlich, weshalb an einem ganzen langen Filmtag nicht mehr als drei, vier Minuten eines Films erarbeitet werden.
Bei Spielwiederholungen gilt für mich in den Pausen: In der Kulisse stehenbleiben. Keinen Kaffee holen. Nicht in die Maske gehen. Nicht in die Garderobe. Die Spannung halten. Das Gefühl bewahren, das ich in mir für diese Szene aufgebaut habe.
Ganz fest denke ich an Jon, während ich am Bühnenrand warte. Gleich wird der ganze Ablauf aufgezeichnet. Ich kenne Jon, ich mag ihn – wenn er nun wirklich tot wäre? Mir krampft sich der Magen zusammen, traurig wird mir's ums Herz.
Die „Bolero“-Musik! Vom Gefühl her bin ich in

diesem Augenblick ganz und gar Anna. Aber als Silvia muß ich mitzählen, zwölfmal dieses Tam-dr-dr-dr-dr ... Bei sieben zu Madame d'Arbanville sehen, bei acht in den Zuschauerraum, bei neun zu den Rängen hoch. Wann kommt mein Einsatz? Ich spiele völlig selbstvergessen, will nur die Musik fühlen, diese Gedanken in meinen Gesten und Blicken ausdrücken: Was? Tanzen? Wer hat mich auf die Bühne rausgestoßen? Jon, wo ist er? Blackout im Kopf.

Bei all dem soll ich zählen! Mist, ich hab's vergessen. Wenn ich zähle, glaube ich, mich wie eine Maschine zu bewegen, nicht wie ein Mensch, den gerade ein tragischer Unfall erschüttert hat. Trotzdem weiß ich: Ich muß zählen. Ich muß ja im richtigen Moment mit dem Tanzschritt einsetzen. Tam-dr-dr-dr-dr ... Und auf die Spitze, Kopf hoch, die Hand zittert, weglaufen.

Weh tut's, sich auf die Schuhspitzen zu stellen. Ich habe diese Schuhe schon den ganzen Tag an. Eigentlich waren sie für „Carmen" gedacht. Für den „Bolero" sind sie viel zu weich. Blöd. Aber für den kurzen Moment: Zähne zusammenbeißen. Zählen, leiden, auf die Spitze. Geglückt. Dieser dramatische Höhepunkt des Films ist festgehalten. Tanzen muß ich den ganzen „Bolero" erst morgen – mit den richtigen Schuhen.

Nun noch die Großaufnahme. Völlig konzentriert die Filmcrew um mich herum. Direkt vor mir der Kameramann. Die Maskenbildnerin träufelt mir schnell noch Glyzerintränen unter die Lider. Durchatmen, Klappe, Blick in die Kamera. Bißchen das Gesicht abtupfen, neue Tränenperlen. Atemlose Ruhe. Volles Licht aufs Gesicht. Noch mal. Fertig für heute.

„Wohin gehen wir zum Essen?"

Ich packe meinen Kram zusammen. Gehe lieber nicht mit ins Restaurant. Für die Dreharbeiten in New York will ich mein Gewicht halten. Außerdem muß ich morgen fit sein: Das gesamte „Bolero"-Solo habe ich auf der Bregenzer Bühne noch zu tanzen. Dann reisen wir ab nach München. Dort muß ich zum letztenmal für den „Anna"-Film die Koffer packen. Oder soll ich lieber sagen: darf ich ...?

„Bolero": Ich spüre die Musik von Kopf bis Fuß.
Nächste Seite: Als Carmen mit Stephen Jeffries.

ZWISCHEN WOLKENKRATZERN

Mittwoch, 26. Oktober

Anna ist im Film zu einem Vortanzen nach New York eingeladen. Hast du ein Glück, Silvia! Also mußt du auch nach New York.
Schon im Flugzeug beginnen die Dreharbeiten. Die englische Stewardeß spielt mit. Und mein Vater. Als schlafender Fluggast neben Anna. Wir haben viel Spaß. Schminken im Flugzeug – ein Balanceakt. Umziehen auf der engen Toilette – ein Jongleurstückchen.
Während wir in New York sind, drehen insgesamt 36 Filmteams zwischen den Wolkenkratzern. Auch unsere kleine deutsche Gruppe ist um einige amerikanische Kollegen erweitert.
Große Tanzszenen habe ich in New York nicht. Nur eine kleine Einstellung im Ballettsaal. Tanzen ist für mich doch immer wie der kleine Dorn im Auge. Beim Spielen fühle ich mich einfach freier. So ist die Atmosphäre in New York entspannt. Ganz locker nehme ich die letzten Aufgaben. Was nicht heißt, daß ich wenig Arbeit

Fotos: Connie Sawyer

habe. Täglich um sechs steh' ich bei der Karin auf der Matte: In ihrem Hotelzimmer werde ich geschminkt. Ab geht's. Wir müssen so früh wie möglich anfangen. Wir haben fast nur Außenaufnahmen. Und abends ist das Licht weg.
„Anna" ist abgedreht. Aber in New York kriege ich das – zum Glück – noch gar nicht so richtig mit. Mich lenken sechs private Tage ab. Mit Papa in New York. Wir erobern uns die Stadt – ohne Plan und ohne Programm. Lassen uns treiben. Erleben morgens, mittags, nachmittags, abends, nachts das Leben in den Straßen, auf dem Broadway. Stunden sitzen wir im Café. Reden miteinander. Schon seltenes Glück, wenn sich Vater und Tochter so gut verstehen. Immerhin liegen über vierzig Jahre zwischen uns.
New York – faszinierend. Das Traumwetter, die Bauten, die Menschen, die Autos, die vielen gelben Taxis, die Huperei – ich dachte immer, so wird das nur im Film dargestellt. Aber nein: Genau so ist es! Die Stadt steckt an mit ihrer Atmosphäre!
Ich habe ein Hotelzimmer, mit Blick in die Stadt. Abends schaue ich oft stundenlang aus dem Fenster. Und einmal steht sogar der Mond direkt zwischen zwei Wolkenkratzern ...
Einen Tag wollen wir den gesamten Broadway entlangspazieren. Wir fahren mit der U-Bahn zum World Trade Center. Es fängt zu regnen an. Wir lassen uns von unserem Plan nicht abbringen. Marschieren los. Zweieinhalb Stunden durch den Regen. Patschnaß und rotgefroren. Ein Bild für Götter. Und wir haben einen Heidenspaß! Nur vor dem Hotel streikt mein Vater: „Ich gehe durch den Hintereingang." Ich hab' schon lange nicht mehr so gelacht.
Eigentlich wollten wir jeden Abend ein Musical besuchen. Was wir schließlich verwirklichen, ist ein Abend in der Metropolitan Opera. Einmal in der berühmten Met, das muß sein. Wir sind sehr frühzeitig dort. Wegen der Karten. Schlendern noch herum. Eine Gruppe von Touristen erspäht uns: „Sie sind doch die Anna?"
Ich bin etwas unwirsch, weil schon wieder jemand was von mir will, und muffele: „Ich hab' die Anna gespielt, ich bin die Silvia."
Die Gruppe möchte Autogramme. Da ich keine Karten bei mir habe, setze ich meinen Namen auf Programme, die dort ausliegen. Ausgerechnet Ballettprogramme sind's.
Auf der Fifth Avenue, am letzten Tag, höre ich hinter mir „Anna" rufen. Ich reagiere nicht. Auch in New York heißen bestimmt Hunderte von Frauen Anna. Aber ein Mädchen holt uns ein, strahlt mich an. Die junge Amerikanerin hat wirklich mich gemeint. Au-pair-Mädchen in Deutschland war sie, als die Serie im Fernsehen lief. Sie ist happy, mich hier zu sehen. Anna fand sie „wonderful".

Anna in Amerika: Besuch einer berühmten Ballettschule. Silvia in New York: Dreharbeiten auf dem Broadway.

ABSCHIED VON ANNA

Donnerstag, 10. November

Die Arbeiten am Film nähern sich dem Ende. Wir synchronisieren die Textstellen, die ich mit englischsprachigen Partnern gedreht habe. Während ich mich da auf der Leinwand sehe, kann ich selbst feststellen, daß ich seit meinen ersten Schritten als Anna einiges, schauspielerisch und tänzerisch, dazugelernt habe.
Diesmal sieht das „Loch", in das ich nach Drehschluß gerate, ganz anders aus als das erstemal. Ich sitze nicht in meinem Zimmer, verheult und traurig. Sondern: Ich kann nicht mehr schlafen! Geh' morgens um vier ins Bett und bin schon vor dem Frühstück putzmunter. Ein Glück, daß ich so viele Termine vor mir habe. Nicht auszudenken, wenn nichts los wäre!
Gerade habe ich meinen ersten Tag als „Zirkuskind" hinter mir. Für „Stars in der Manege" lerne ich Seiltanzen. Aufregend! Die Leute vom Zirkus sind so herzlich und lieb zu mir – da kann eigentlich nichts schiefgehen.
Ein Förderpreis steht neben der Goldenen Kamera: der „Telestar". Warum hab' ich bei Preisverleihungen nur immer wieder soviel Lampenfieber? Kein Mensch im Saal frißt mich. Und doch ... Aber die anderen haben's ja auch. Gehört wohl dazu. Wie die Freude. Die „Anna"-Kinopremiere rückt näher. Aufgeregter, als ich es bin, kann man gar nicht sein. In vielen Städten sind Pressevorführungen angekündigt, in Hamburg, Köln, Zürich, Stuttgart, Wien ... Und ich bekomme noch einen Preis: den Bambi.
Ein zweites Mal heißt es: Abschied nehmen von Anna. Anna ist für mich eine eigenständige Person geworden. Ich sehe Anna neben mir, und manchmal ist das ganz komisch: als könnte ich sie beobachten, also im Grunde mich selbst, wenn ich spiele.
Mich jedoch mit Anna gleichzusetzen – nur das nicht! Ich möchte noch in viele andere Rollen schlüpfen.

Was Journalisten alles fragen

Journalisten – ich weiß nicht, wie viele mich interviewt haben. Allerdings, manche Fragen sind schlichtweg nicht zu beantworten.
Wieviele Pliés ich am Tag mache?
Plié ist eine Kniebeuge. Die Grundlage für unzählig viele Tanzfiguren. Geübt wird in den fünf Positionen der Füße, „positions des pieds". Diese werden mit nach auswärts gedrehten Füßen ausgeführt. In der ersten Position bilden beide Füße eine gerade Linie, wobei sich die Fersen berühren. In der zweiten ebenfalls, nur sind die Fersen durch eine Fußlänge voneinander getrennt. In der dritten steht ein Fuß vor dem anderen, die Knöchel sind gekreuzt. In der vierten stehen die Füße parallel zueinander, durch eine Fußlänge getrennt. In der fünften schließlich die gleiche Fußstellung wie bei der vierten, die Füße berühren sich jedoch in ihrer ganzen Länge. Dazu gibt es noch sechs klassische Armstellungen, „Ports de bras".
Diese Übungen setzen sich aus den immer gleichen Bewegungen, aber in immer anderer Reihenfolge zusammen. Hat je einer gezählt, wie oft er nun eine einzelne Bewegung pro Tag ausführt?
Und dann die Frage: „Wie wirst du mit dem Erfolg fertig?" Was heißt: damit fertig werden?

Wenn ich mit dieser Popularität zu kämpfen hätte, trinken würde, Drogen nähme, wenn's ein Opfer für mich wäre, im Rampenlicht zu stehen – dann wär's schade drum, dann wär's schlimm.
Schließlich war ich vorgewarnt. Als ich meinen Vertrag unterschrieb, hat man mich und meine Eltern darauf hingewiesen, was es bedeutet, in der Öffentlichkeit zu stehen. Wenn's mir trotzdem manchmal zuviel wird und ich nörgle, zieht mich der Papa auf: „Du führst dich auf wie 'ne Xanthippe." Denn es gibt Menschen, die machen mich einfach aggressiv. Obwohl sie mir eigentlich keinen richtigen Anlaß geben, werde ich patzig. Alles sträubt sich in mir.
Wenn in einem Artikel etwas nicht stimmt, sicher, dann ärgere ich mich. Und den Ärger muß ich loswerden. Aber ich lasse ihn zu Hause. Und bin dann selten eklig zum nächsten Journalisten. So langsam fange ich sogar schon an, drüber zu lachen, wenn über mich dumm, unwahr oder naiv geschrieben wird. Jeder Beruf hat eben zwei Gesichter. Nichts bekommt man umsonst.
Auf mich wirkt es borniert, wenn Journalisten immer auf dem Thema „Sex, Liebe und Freunde" rumhacken. Was gibt ihnen das Recht, alles von einem wissen zu wollen. Liebe kann das Schönste der Welt sein, aber in unserer Zeit kommt sie mir oft zum Billigsten abgestempelt vor.
„Hast du einen Freund?" Das scheint die wichtigste Frage überhaupt zu sein. Als ob es nicht genug interessante Themen gäbe. Damit schüren die Medien Panik unter jungen Mädchen: Wenn ich keinen Typ an meiner Seite aufzuweisen habe, bin ich nicht vollwertig. Emanzipation? Alles Gerede. Als ob die Zeit stehengeblieben wäre! Meine Antwort auf diese Frage: Das ist meine Privatsache. Aber man nimmt die Antwort nicht an. Wenn ich keine Auskunft gebe, wird eben wild spekuliert.
Auch kann ich's nicht ausstehen, wenn mich jemand mit Gewalt in ein Klischee pressen will – wie neulich.
„Hast du ein Lieblingsgericht?"
„Nein."

Für „Stars in der Manege" auf dem Seil. Filmpremiere mit Jon und Patrick. Küßchen fürs Bambi.

„Dein Lieblingssänger?"
„Hab' ich keinen."
Und so ging das weiter und weiter, und von mir kam immer wieder: „Hab' ich nicht."
„Was hast du denn überhaupt?"
„Glück!"
Alles bei mir war Glück. Manchmal lese ich: „Ihre Träume haben sich erfüllt."
Quatsch. Zufall. Auf nichts bin ich zugesteuert. Sie haben mich halt damals in der Ballettschule tanzen sehen. Und ich war für sie der „Deckel auf den Topf". Genausogut hätte ich an dem Tag krank sein können.
Andere Mädchen träumen davon, ein Star zu werden – und haben nie die Gelegenheit, auch nur eine winzige Rolle zu spielen. Ich wünschte mir nicht mal in meinen geheimsten Träumen, Schauspielerin zu werden – und durfte entdekken: mein Traumberuf!
Das nenn' ich Glück.

*Fotos: Schneider-Press (oben)
Joachim Skambraks (unten)
Burda (rechts oben).*